官箴荟要

六

线装书局

目录

官箴集要

〔明〕汪天锡 辑

《官箴集要》顾名思义是集官箴书籍之要义或要点。书中所辑大多出自《仕宦箴规》、《昼帘绪论》诸书，其所论自纲纪法度到官吏细务等诸多方面，分上下两卷，其内容翔实精细，层次分明，颇具实用价值。

本书是侍御张维按察浙西时，嘱教谕汪天锡编辑而成。张维认为，政与学非二物，应合为一体，仁义礼乐是治政之本，为政者要先学习古代经传和小学，然后借鉴历代官箴书籍，才能做到修身齐家治国平天下，此亦是这本集要之大旨也。

官箴集要卷之上

正心篇

体民心

天无心，以天子为心；天子无心，以百官为心；（百官者，公、侯、伯、子、男也。）百官亦无心，以万民为心也。得民心者可名为官，失民心者何足道哉？

不欺

高不可欺者天也，尊不可欺者父也，上不可欺者君也，下不可欺者民也。欺天、欺父、欺君、欺民，是名滥官污吏也。

公正

夫居官守职以公正为先，公则不为私所惑，正则不为邪所媚。凡行事涉邪私者，皆由不公正故也。至公至正，虽有邪私，亦不为媚惑矣。

诚爱生智

赤子之生无有知识，然母之者常先意得其所欲焉，其理无他，诚而已矣。诚生爱，爱生智，惟其诚故爱无不周，惟其爱故智无不及。吏之于民，与是奚异哉？诚有子民之心，则不患其才智之不及矣。

戒忍刻

张九龄以功名忠义奋振一时，可谓君子矣。然或者谓其处士大夫之有幸者，必致穷绝之地，以故一念不仁，所以无嗣。人心之不可不仁如此哉！夫好生恶死，人之常情，趋利避害，世之常态。置一物于必穷之地者，君子不为也，况作好恶于其间耶？九龄盛德之士也，一念之差，犹不免于绝嗣，丁谓、卢多逊之辈当何如耶？

克偏性

夫及物之心，人孰不有？第材质强劣有所不同，苟即其所短，而痛自克治，则官无难为，事无不集者矣。弛缓克之以敏，浮薄克之以庄，率略克之以详，烦苛克之以大体。苟不度所性，一徇己之偏而处之，鲜有不败者矣。古人佩弦佩韦，示皆此意。今人往往读书无益，莅官不才者，皆由狃于习而不知痛自克治故也。

因一事不快于心而迁怒之心妄发，此其大病。

不可乘怒而多言，不可乘快而易事。

主敬

处己接物，事上使下，皆当以敬为主。敬则立，怠则废。

持己得一敬字，接人得一谦字。

清心

清心省事，居官守身之要。

心静能处事。

心地干净，自然宽平。

充德量

《书》曰：『必有容，德乃大；必有忍，乃有济。』君子立心，未有不成于容忍而败于不容忍也。容则能恕人，忍则能耐事。一毫之咈，即勃然而怒，一事之违，即愤然而发，是无涵养之力，薄福之人也。是故大丈夫当容人而不可为人容，当制欲而不可为欲制。观娄师德、丙吉之为人，则气自平而理自明矣。昔人云：『忍所不能忍，容所不能容，惟识量过人者能之。』若颜子犯而不较，乃其量大。闻人毁己即咈然而怒，其小也固矣。

察辱

辱之一事，最为难忍，自古豪杰之士多由此败也。窃意辱之来也，察其人如何：彼为小人耶，则直在我，何怒之有？彼为君子耶，则直在彼，何怒之有？世之人不审辱之所自来，一以怒应之，此其所以相仇而相害也欤！

正己篇

礼体

夫礼宜谦谨，体宜正大。经云：『君子正其衣冠，尊其瞻视，俨然人望而畏之，斯不亦威而不猛乎？』又曰：『临之以庄则敬。』盖在人之上，一语一默，一动一静，人之瞻视，不可不谨。惟欲平居之际，加持守不可放纵，临民之时，容止可观，进退可度，语言和谨，处事安详，则不失其礼体矣。

纪纲

为政者必须先立纪纲，纪纲一定，则衙门整肃，吏卒敬畏，公事易为办集。其或因循苟且，委靡不振，吏胥将纵其奸，小民均受其害。然又必有始有终。

政体

居官以公平正大为体，勤谨和缓为先。公平则不致于偏私，正大则不致于苛细，勤谨则不致于怠慢，和缓则不致于躁暴。以此立行随事，精察详审，造次必于是，颠沛必于是，守之弗失，则政无不备，事无不举矣。

定见

凡行事必须先立定见，始终不易，不至为奸吏所摇动。如钱粮、刑名、科差、造作，皆当有一定之见，使吏胥不能测其机锋。若吾机可测，则吏胥左右逢迎，巧生奸计，以此易彼，诬轻为重，卖弄桩配者多矣。持循既久，信孚于民，吏胥虽欲借倩，其可得乎？

立信

自古皆有死，民无信不立。盖信者国家之宝，不可一日无者也。是以为政者必以信为主，则民听不惑，万事立矣。苟为不然，朝令夕改，先缓后急，虽欲言治，其可得乎？

远谗谄

凡居官处事最不可信谗谄。谀佞之人变乱是非，颠倒曲直。在上苟借以颜色，倘或听信一话，则谗谄之计、浸润之谮日渐月染，得以肆行其志。且小人巧言令色，送暖偷寒，针穿纸裹，说是道非，妨害政事，何可胜言？《论语》曰：『是故恶夫佞者。』为政者首以远谗为戒。

嫌疑

嫌疑之事皆当防于未然。昔陈寿以使婢丸药见讥，马援以薏苡兴谤，良有以也。古云：瓜田不纳履，李下不整冠。凡事一涉嫌疑，则造言生事之人得以肆其奸矣，可不慎哉？

出入

居官者当慎出入。凡不当游之地、不当至之所皆不可诣。万一不然，污玷名节，噬脐无及矣。无故出境者，自有条律。

慎言语

为官最宜安重。下所瞻仰，一发言不当深愧之。

轻言则纳侮。

轻言戏谑最害事。盖言不妄发，则出言而人信之；

苟轻言戏谑，后虽有诚实之言，人亦弗之信矣。

常默最妙。己心既存而人自生敬。

夫一言既出，驷马难追，所以君子欲讷于言而敏于行。为人上者，民所视效，凡有语言，岂可妄诞？一不合理，贻笑于下，是以圣人不贵多言。

观人

公于己者能公于人，私诸人者由私诸己。

轻言轻动之人不可以与深计，易喜易怒者亦然。

闻事不喜不惊者，可以当大事。

轻言则寡信。

善面谀人者，必善背而毁之。

临事

凡事皆当谨始虑终。

正内篇

齐家

居官者必须先治其内，后治其外。故《传》有曰：天下之本在国，国之本在家，家之本在身。故身修而后家齐，家齐而后国治，国治而后天下平矣。

齐家之道，务在严谨雍容。仕宦多有行引，父母、兄弟、伯叔家人纵令在任所者，常须关防，不许纵容闺门中外索觅借贷，亦不许子弟出游，其祸之机实肇于此。慎之戒之，不可不察。

禁家人

居官所以不能清白者，率由家人喜奢好侈使然也。中既不给，其势必当取于人。或营利以侵民，或因讼而纳贿，或名假贷，或托姻属，宴馈征逐，通室无禁，以致动相掣肘，威无所施。己虽日昌，民则日瘁；己虽日欢，民则日怨。由是而坐败辱者，盖骈首骊踵也。

呜乎！使为妻妾而为之，则妻妾不能我救也；使为子孙而为之，则子孙不能我救也；使为朋友而为之，则朋友不能我救也。妻妾、子孙、朋友皆不能我救也，曷若廉勤乃职，而自为之为愈也哉？

盖自为，虽阖门恒淡泊，而安荣及子孙；为人虽欢然如可乐，而祸患生几席也。二者之间，非真知深悟者，未易与言。有官君子，其审择焉！

防出入

官府衙院宅司，三姑六婆往来出入，勾引厅角关节，搬挑奸淫，沮坏男女。三姑者，卦姑、尼姑、道姑；六婆者，媒婆、牙婆、钳婆、药婆、师婆、稳婆，斯名三刑六害之物也。近之为灾，远之为福，净宅之法也。犯之勿恕，风化自兴焉。

慎交易

官府宅司但用诸般物色，金银器皿、珠玉犀象、绫锦罗彩，食用物料，唤牙行当堂估价，立与平交，永无嫌隙，切勿令夫人娘子见面，招物议也。

职守篇

台宪

国家内设御史台，外设提刑按察司，特选廉能耿介之士以为朝廷耳目。绳愆纠缪，激浊扬清，皆其分内事也。凡朝廷之得失、官吏之污滥、生民之利病、刑狱之冤滞，必当知无不言，岂可钳口结舌，持禄容身，若越人视秦人之肥瘠哉？

然官以察名，所宜详审，苟或躁妄，则不惟足以害人，而祸亦及己矣。其沽名钓誉、掠美市恩之事，与夫容忍之私、姑息之惠，当绝而不为，在我者一出于正，然后可以正人之不正。慎之，慎之！

方面

各处行中书省控制方面，总辖军民，实古者方伯连帅之职，军民、钱粮、刑名、造作无不系焉，责亦重矣。其参赞则有左右之司，刑狱则有理问之所，举觉则有检校之官，查勘则有架阁之职，虽曰分理，庶务各有其人。其执政者犹当兢兢业业，整肃纪纲，使大小百司趋事赴功，承上以忠，驭下以信，庶无旷事。凡植党交私，变法希宠，涉于嫌疑之事，悉宜绝去。如此，则可以表正郡邑，事无不集，民无不按堵矣。

治郡

夫郡统属县，虽有大小多寡之不同，事无巨细，皆责备于县。其间县官有贤良而能事者，则优礼以激劝之；有阘茸而不才者，则耻辱以惩戒之，使人多知自励，则一郡之事易为办集。然郡邑庶事繁剧，文案山积，非朝夕所能究竟，常须戒令立案，验事轻重，下帖发牌，验其远近，定立程限，务在必行。毋得一概勾追官吏及泛滥差人动扰，不惟耽误事体，适足以肥吏卒耳。其属县果有故意稽留妨碍重事者，则宜痛绳以法，使警其后。苟能若是，岂有不办之事哉？

其农桑、学校、风俗、教化、户口、钱粮等事，尤为守令急务，古者谓『二千石，民之师帅』，可不慎哉？

正官

正官者，一衙门主正也。府曰守，州曰牧，千里诸侯，县曰令，百里侯也。古人有言：令邑之长又曰郎官，上应列宿，苟非其人，民受其殃。主掌衙门一应之事，要果断剖决，见识高明，务要安详，不可造次苟且。如一家事，家长不能掌且不可，况一府一州一县乎？且职有所掌，其提调者，户口、田粮、农桑、学校、仓场、库务、牢狱、刑名，俱要一一究心，随时发落，开阖伸缩，自有机轴。有疑难者，与佐贰首领商确施行，切不可执一己之偏。

佐贰

佐贰官职居次而辅政者也。皆当钦敬长官，友爱幕宾。凡事务听长官判断，不可僭越，有伤礼体。俱各有职分当为之事，如同知、县丞，整点桥梁、道路、急递、铺舍，考算钱粮，提调造作。如通判、主簿，则巡防捕盗，跟捉逃军逃囚，巡禁私盐私茶。各勤乃职，不可苟且，斯为称乃职矣。

幕官

幕官之职干系甚重，衙门大小事务无不预焉。乃六曹之领袖，一署之喉襟也。一应文卷必须立意起稿，然后该吏书写完备，赴幕司自下而上佥押。苟或禀议未定，未可下笔，必须商确停当。或堂上主议，中间事体有妨，宛转敷陈利害，从长官择其所长。衙门事有迟错，即便检举；吏典作弊，即便究治。若正官或与佐贰官不合，中间必须劝解，切不可面是背非，彼此口斗；又不可越礼犯分，专权擅主，有失体统。须要尊承正官，严拘吏典，赞佐衙门，事无滞迟，政有仁声，上下和睦，黎庶安宁，可谓

称职矣。

上任

凡官员到任，谢恩毕，卸公服，升厅就座，皂隶、排衙、门子、吏卒以次参贺，抬书案，押公座，佥文解，各房递供状，报须知，不必检视。次，各官行礼，务要安详，不可仓卒。

到任之初，若有累年不决狱囚刑名陈诉，但略问情由，唤当该吏典明白照卷，未可造次发落。其初告者，则为受理，随宜处置，不可求逞才能，被人看破机关，奸民泼吏率以此伺察动静，宜深戒之。

新官到任祀神毕，与众官相见后，却于同僚官家一过，不可饮酒，言语猖狂，有失观瞻。回至后堂，将祭祀猪羊分散与同僚属官及陪祭人员，惟存十馀斤并肚肺之

类，煮熟摆桌，用祭祀酒与同僚饮，属官不与席。酒或三行、五行、七行，止。不可多饮，狂言失实。

瘴说

昔人有欲之官而恶其地方之瘴者，或释之曰：瘴之为害不特地也，仕亦有瘴也。急催暴敛，剥下奉上，此租赋之瘴；深文以逞，良恶不白，此刑狱之瘴；侵牟民利，以实私储，此货财之瘴；攻金攻木，崇饰车服，此工役之瘴；盛拣姬妾，以娱声色，此帷薄之瘴也。有一于此，无间远迩，民怨神怒，无疾者必有疾，而有疾者必死也。

昔元城刘先生处瘴海而神观愈强，是知地之瘴者未必能死人，而能死人者常在乎仕瘴也。虑彼而不虑此，不亦左乎？故余具载其言，以为授官惮远避难者之戒。

宣化篇

明纲常

欲先教化，去其致教悖化者，则善类兴矣。近年子叛其父，妻离其夫，妇姑勃蹊，昆弟侮阋，奴不受主命，冠屦倒置者，比比皆然。凡若此者，不必其来告，当风乡长恒纠其尤甚者，谕众而严决之，则自悚然改行矣。

正婚丧

婚姻，人道之始；殡葬，送死大事。男女定婚，多因男家贫乏，礼物不足，经年不得完聚，致女子失行，而有退婚之耻。有丧之家，多不循理，埋葬之时，极力营办酒食，会亲剧饮，于死者哀戚略不加意。须常川着里老巡视，但受聘礼明白，违时不行嫁娶者，有罚；出殡营葬，不于衣棺坟墓加工，设宴饮酒，修斋供佛，痛加惩治，亦厚风俗之一端也。

申旧制

朝廷德泽，牧民者多屯而不能宣布。所谓文武之道，布在方策。但有司寝废而不为申明，遂为坠典。苟能揭而行之，则不待他求，治道备矣。

先劳

古之为政者，身任其劳而贻百姓以安；今之为政者，身享其安而贻百姓以劳。已劳则民逸，已逸则民劳，此必然之理也。惮一己之劳，而使阖境之民不靖，仁人君子其忍尔乎？昔子路问政，而圣人告以先之、劳之、无倦。呜呼，此真万世为政之格言也欤！

兴学校

学校乃风化之本，俗吏多忽焉，不以为务，是不知天

秩民彝，一切治道，胥此焉出？暇则率僚寀以观讲习，或生徒有未济，廪饩有未充，祭物有未完，教养有未至，激劝有未周，皆敦笃以成之，久则弦诵之声作，而礼义之俗可兴矣。

劝农

农之勤惰，一岁之苦乐系焉，其所当为有不待劝焉者。因时行治，视其辍工废业者，切责之，远近闻之，必知自励也。常见世之劝农者，先期以告，鸠酒食，候郊原，将迎奔走，络绎无宁，盖数日骚然也。至则胥吏童卒杂然而生威，赂遗征取，下及鸡豚。名为劝之，其实扰之；名为优之，其实劳之。嗟夫，劝农之道无他也，勿夺其时而已矣！繁文末节，当为略之。

守常

京府州县安宁，公事不可增损更改，动之必乱，反受其殃。见前政之能善，嘉而从之；有不善，舒缓而更之，此居官之体也，民心易摇而难安故也。

善恶簿

置『善恶簿』一扇，书本府州县为善恶之显著者。若孝弟忠义，勤谨生理者，入善；其唆害官私，游食奸盗者，入恶。恃善而改其行，见恶而改其过者，各与簿内并旌善亭内除去。

又常见有官于新到任之后，将平日刁恶之人查记惩治，此大不可。盖遇此等人，只好告示晓谕，改过以听，彼亦得以自新可也。若后再有犯，亦以常法治而志之。果若累犯不悛，痛加惩治，或枷号示众。若肯改过即以善良相待，一例而旌赏焉。

示劝

诸民有旌表及学行异众者，时加存慰，为劝必多。

治刁

放刁把滥之徒，在在有之。大抵此辈皆系奸民猾吏，操心不仁，专窥瞰官府差错，采摘富家过失，或自身陈告，或教唆他人，兴灭词讼，把持官府。儒官弱吏往往为其所制，莫敢谁何。为政者到任之初，必须严立纪纲。或体察得出，或因事发露，痛行科决，迁发禁锢，则民讼简息，风俗淳美矣。

抑强

凡州县多有权豪势要之家，或前朝官吏，或当处霸户，倚势结构官吏，凌虐细民。或刻众肥家，多取利息，或

抑良为强，或结社争事，或编入田土，或强霸攻墓，或入官禀，或本人妻妾，诱风成俗，冀公图法之事，罪所不容。问罪质在人之忽，由事已具口客，以来一见，造化交报，则小民安其无事。为政者，当持强梁暴古夫。

师巫

师巫之事，今日虽微，蛊惑人心，为害甚于教匪。近代风俗信邪，一有患病，往往设坛作法，附体降神，妄谈祸福。因有愿者焚香许愿，祭祀诸神之惠，其病偶尔自愈，则曰神之力也，否则曰亦诚之不至也。愚顽小民从而信之，废其祭祀，或偏信邪教，毁其神主者有之。为政者当禁戒里社、庙宇毕此事。

信仰

凡信仰佛教所有各自，公众承认之权，不得各干涉信

奉。非道有违法律，甚且非古昔之所谓也。其流弊甚由谣惑人心者，有关风俗，不得宽待其然。民间干涉亦有之，禁约可也。

毁淫祠

毁淫祠，非真理由而合道理者不能，非作口号而改心正者不敢。

接人篇

各守本分

尊卑之分定，则家和而户宁，国无乱萌。大国之所以亡，家之所以败，皆由卑不有尊，尊不能卑之所致也。未有居分，凛遵其职。今夫上而朝廷，下而里閈，其致官有官之责，有民之责，有幕属之责，有役夫之责，各安其分而事其事，夫不安有不治者哉？

惟小智自私，乖同寅之义，无协恭之诚，衷既不和，则所见必有不同者。或长官不知待佐贰之礼也，或佐贰暗于事长官之道也，少见辞色，则彼此胥失矣。若夫事例应尔而所见或不同，居下者当诚其意，婉其辞，曲譬以开其上。若犹未允，则俟其退而语之家，人非木石，无不回之理。其或居下者有所不可，为长者亦当如是晓之也。稍有所挟，虽面强从，退而必有不堪者，日引月深，终于泄露，人见其乖忤也，谗谮之言乘之而入，而衅端遂起矣。为一时之忿，乖同僚之心，使阖境之民不得治，则其人之褊浅可知矣。

古人有言：必有忍，其乃有济。又曰：忍为众妙之门。旨哉！

事上

孔子谓子产『其事上也敬』。如倅簿之于守令，则为兄弟；县之于府，府之于部，则为司属，皆上也。其于判署之间、迎送之际，皆当尽其诚敬。苟为不敬，则同僚未免乖和，上司未免怪责，其为害事多矣。

使吾为守令，其倅簿果有才力不及，亦当涵容；为倅簿，其守令果有行事未当，亦当婉谏，如此，则待同僚之事毕矣。若下司之于上司官员其敬固不待说，或有吏卒以公事至者，事虽已办，亦当以礼貌待之，非敬吏卒也，敬上司也。苟能如是，岂有失哉？

处同僚

张文忠公曰：同官有过，不至害政，宜为包容，大抵律己当严，待人当恕。以己之廉，病人之贪，取怨之道也。

处同僚以礼为主。若时常饮酒，言语亵狎，久则必生怠慢。某知温州府时，家无酒器，与同僚外若澹然，而内则诚实，相孚有如兄弟者，以礼相待故也。

择交

士之未用于世，犹且择交，况居官者乎？其于同僚之际，固当必尽其诚，若欲荐举人材，崇奖士类，亦须再三审察的当，然后行之，庶无后患。万一不能谋始，则将有不胜其自失之悔矣。

以礼下人

夫能下人者，其志必高，其所至必远。昔某郡有新守褊傲，大不礼其下，常令掾属罗拜于庭下。有一贤掾，初以疾在告，疾愈当庭参。是日，偶大雨，守命张伞布茅于庭下，使掾拜焉。掾恬然不动容，兴伏惟谨。识者知其他

日必为宰相也，后果然。

处患难

凡在官者，当知荣与辱相倚伏，得与失相胜负，成与败相循环。古今未有荣而无辱，得而无失，成而无败之理也。虽天地之运、阴阳之化，物理人事，莫不皆然。处之不以道，则纤毫之宠必摇，而一唾之辱必剉矣。

故君子于外物重轻，皆所不恤，顾其在我者何如尔？使有可辱，虽不加遣，而君子恒以为不足；使无可辱，虽置之死地，而君子恒以为有余。历观自昔，大圣大贤不幸横罹祸患，恬然不易其素者，灼见乎此而已矣。苟惟能处荣而不能处辱，安顺境而于逆境不能一朝居，欲望其临政有余，难矣。呜呼！善观人者其于此焉察之。

驭下篇

吏曹

吏在官治事，其人不可缺而其势最亲。痛其亲，驭之而必至无所畏；痛其不可缺，驭之而必至为奸。此今之通术也。

设其有所畏，则莫若自言；设其不为奸，则莫若详观其来者。所谓自言者，非厉声色也，谓其议论而已矣；所谓详观其来者，非只手求遗也，惟其细察而已矣。盖天下之事无有巨细，皆须躬亲以行之，少不留心，则奸弊随至。大抵御不以驭为上，不能驭次之，不敢驭又次之。

夫以善驭人者，非圣人不能，故前辈谓：『不以驭在德，不能驭在明，不敢驭在威。』于其三者，庶己所能而尤之，庶不为狡所侮矣。

六房

置立木牌两座，于堂之东西近下，各标六房名告示大书于木牌之上，使该吏见之凛然，亦为衙门并说。

『示。合六房吏典各照房分办事，上许直堂吏一人，当三向候，其余非系亲身不许擅自上堂禀呈公事，违者罪之。敢有相争闹者，各责一十；无故擅出衙门者，决责二十，立为常规，即不违示。』

『示。合该房吏，凡遇禀覆公事，自上而下；佥押文书，自下而上。其申达上司公文，早衙佥押；其平关牌告并差解等项，中衙佥押。平行者责五下，上行者责十下。凡为常规，即不违示。』

约束吏典

吏典者，利也，又曰治也。夫吏役之名，有都吏、通吏、掾史、令史、司吏、典吏，各衙门依资格而设也。盖大小衙门张官置吏，而官不可缺，吏不可无也。无吏，文卷则不能办也。有云：『官无吏不立，吏无官不行。』其余十吏九奸，无可治之者，故云：『画地为牢议不入，刻木为吏期不对。』大抵须要读书人，纵然为奸，知廉耻。所为之事，准绳墨，循规矩而可教也。又当以礼待之，以道化之。如俗辈不知廉耻，不循礼法，不谙吏道，不省文案，不晓行移，惟务贪图贿赂，卖弄作弊，奸谋诡诈，虐害良民，此则当以刑威之，以法绳之。

凡吏典不可与之计议，不可假之颜色，不可使之闲逸，务要严加约束，使之日夜常川，展案书写文卷，日则

令其送饭，夜则就房宿歇，焚膏继晷，勤谨书办，立限完结。遇有公文，责令吐哺粘连，庶无遗失，歇案之卷。不可纵容出外，交纳富室，游荡饮食，妨废事务，以泄官事，以来讼端，以启幸门也。又有酒馆食店，说事过钱，接受赃私，为害甚矣。亦不可私房交头接耳，笑语喧哗。

常以威严禁约，使之心怀畏惧，不敢放肆，暇则召集讲经读律，多方羁縻之，则自然不横矣。故云：『待群吏如奴仆。』居官仿此，则大事可成，庶事可兴也，宜慎之！

号令

凡发号施令，当熟思而后行。所以慎出，后之难改也。必如慎终，宜令令终有俶，讦谋定命，远猷辰告可也。

予尝闻有人初作考官，看卷务求全备，过于刻；再作考官，自鉴前失，则又伤于滥，致使取人前后俱不均一，此

某见其案，审择不出之辈，最良者一二谓吏，来治其害，而按之，可发者行，可行者行，由是一岁之讼息，事集，吏人未法，百姓安，至今思以为法。

戒强任

衙门宜置吏，固不可废，然吏胥奸猾者多，谨厚者少。每事必须关防，不可假以文移，一有推诿，便须责罚。间有可委任，则先以事试之，观其诚否，然后用之。昔人谓『论宇士年，强在我也』，取植之也。不亦之至谓其宇士中矣。若皂隶辈尤不可信，只信之则易为所生，每事必论，所谓『操下当严』，可不慎乎？

关防吏典家人

吏典须要各在公廨，古置吏舍，正以其宿处。惟日一次，许其家人投名，着直堂吏典亦止许出外买米、采柴。

取齐点人，问以诸费。

纵吏下乡

乡村小民畏吏如虎，纵吏下乡，犹纵虎出柙也。弓手、士兵尤当禁戢，自非捕盗，断不可差出。

革弊

《书》云：『希治十凉』，其弊犹先命。希治十命，弊将若何。『事固不能无弊，然有弊不可不革。』革之之道，必究其病源，或由吏胥之人，则其弊息矣。

择人

民间有年五十以上者，或天性公直，或善治家事，或好义仗义，或为乡人所敬服，或有才干书算之可取，平日遍访察名，以备各人之选。虽未能各里尽得其人，而十有数辈在官另事，亦须由里胥举，不过虚设。

阴阳医生教读

阴阳、医生、教读人等，官府多视为在官人数，一概差用，不能专务本业，是岂朝廷设立之本意？须着阴阳生轮流日守日晷时牌，夜守更漏。医生亦轮流日守惠民药局。教读分教各里，童生使各专务本业。时常考验勤惰，量为惩劝。其愚而无进者黜退，拣选性资可进者补之。庶使此等不为虚设。

祗候

凡苗粮、祗候，止令跟随出入，不得令其于外营办家事。多有挟威恃势，无公带私，因而累及者，此固不可不防。或有托以亲密，引进外人谒见者，尤不可以容。此惹害之一端也。

临民篇

先示教

爱民之要尤先于使民远罪。夫民之罹刑，岂皆顽而好犯哉？愚蒙无知，故抵月而不自觉。今宜以其条律之大者，榜之墙壁，明白戒晓曰，某事犯某法，得某罪，使之自有趋避。其或有犯到官，哀矜而体察之，照法所行，与杀一等，亦忠厚之德也。若悉欲尽法施行，则必流于酷矣。

昔卓茂为密令，谕其民曰：『我以礼教汝，汝必无怨恶；以律治汝，汝何所措其手足乎？』吁，此仁人之言也！为令者宜写一通，寘之座右。

询访

任官者必须延接贤士大夫、博学儒士、诚实父老，访

问民间利病，以通下情，庶不为吏卒欺诳。询访之后，更须隔别审问，有无异同。如果的实，然后折衷施行。不可一概听信，反误大事。权机在我，主之平正而已。更须访问有无放刁把持之人，有则记其姓名，以待其投网而治之。又须访其身言书判干济人材及儒士，亦当记之，以候上司不时之需，而不乏人也。此亦为政者所当知。

去壅隔

令为近民之官，民视令不啻如天之远，如神明之可畏。衔冤茹苦，无由得入，幸而获至其前，吏卒禁呵笞朴交错，猥懦者已神错气沮矣。故欲通下情，莫若大启门庭，屏去吏卒，躬自呼之几席之前，康色诘问，以尽其所欲言。其壅蔽不得达者，则设锣县门之外，俾自扣击。如是，则民情无有不获尽者矣。

治政

夫郡守县令为牧民之官，所以牧之为言养也，居是邦必是牧养是邦之民，以父母论之，其爱子之心为何如哉？亲民之官于百姓鳏寡孤独、饥寒疾苦者，无一不关于心，故曰：『爱百姓如妻子。』又曰：『一民之溺，犹己溺之；一民之饥，犹己饥之。』其于词讼，与之分辩是非；其于赋役，与之分验贫富。其科差催征之际，犹当视其缓急轻重而治，毋以喜怒滥用刑法，横加于人，切宜戒之。

莅事以勤

当官者一日不勤，下必有受其弊者。古之圣贤犹且日昃不食，坐以待旦，况其余乎？今之世有勤于吏事者，反以鄙俗目之，而诗酒游宴则谓之风流闲雅，此政之所以多疵，民之所以受害也，不可不戒。

待远乡都人

远乡都人少曾到于府县，畏惧官法，有司以事拘捉到官，则监禁锁项百般苦楚。非尽将田产典卖，财物馈送，则无由得脱，或死于牢狱。以此传说，愈加惊怕，但遇官府勾追，则逃躲拒捕。牧民者当软以抚之。凡有公事，但写小票用印，令铺兵送至其家，宽立限期，着令自来，有事发落，不加刑罚，随即遣还，则深山穷谷之民，一闻呼唤，无有不至矣。

孤寡

鳏寡孤独，王政所先。守令常加存恤，或有恃强凌弱，欺灭孤寡者，则绳之以法。其科差之际，亦须量免重难，使之自存可也。

妥帖

凡为政之道，非止一端，岂条目之所可备述？大抵持法虽贵严密，每事必须妥帖，不可务为惊世骇俗、沽名买誉之事，但于职分之所当为者，本等为之而已。不然，则民未蒙其利，而身先受害矣。敢以此为初仕进者戒。

自责

教民不至，则犯禁者多；养民无术，则病饥者众。为守与牧，而使其至此，独归咎于民，难矣哉！

慎狱篇

存恕

人之良，孰愿为盗也？由长民者失于教养，冻馁之极，遂至于此，要非其得已也。尝潜体其然，使父饥母寒，妻子愠见，征负旁午，疹疫交攻，万死一生，朝不逮暮，于

斯时也，见利而不回者能几何？人其或因而攘窃，不原其情，辄置诸理，婴笞关木。彼固无辞，然百需丛身，孰明其不获已哉？古人谓上失其道，民散久矣。如得其情，则哀矜而勿喜。呜呼！人能以是论囚，虽欲惨酷，亦必有所不忍矣。

诘初狱

狱问初情，人之常言也。盖狱之初发，犯者不暇藻饰，问者不暇锻炼，其情必真而易见，威以临之，虚心以诘之，十得七八矣。少萌姑息，则其劳将有百倍厥初者，故片言折狱，圣人惟与乎子路，其难可知矣。

详谳

在狱之囚，吏案虽成，犹当详谳也。若酷吏锻炼而成者，虽谳之，囚不敢异辞焉。须尽辟吏卒，和颜易气，开诚心以感之，或令忠厚狱卒款曲以其情问之。如得其冤，立为辩白，不许徒拘阂吏文也。噫，奸吏舞文，何所不至哉！

按视

狱庭时当一至也，不惟有以安众囚之心，亦使司狱卒吏辈知所警畏而无饮博喧哗，逸而反狱者，是亦先事防之之微意也。仓库同。

牢狱

牢狱之设，虽所以待恶人，盖圣人不得已而用之也。常须点视，墙壁坚完，牢房洁净，枷杻密固，衣粮及时。遇有囚徒患病，随即委付官入狱诊视，给与药味，限日痊可。当防狱卒受托外人计嘱，诬轻为重，增添病证分数，因时虐害致死者，及防奸民猾吏探听公事，走泄狱情，因

官箴荟要

六

[illegible][illegible]書局

目录

官箴集要　〔明〕汪天锡　辑

宦箴集要

（明）汪天锡 辑

《宦箴集要》顾名思义是集官箴书籍之要义政要点。书中所辑大多出自《仕宦箴规》、《居官格论》诸书，其所论自纲纪法度到官吏细务等诸多方面，分上下两卷，其内容翔实精细，层次分明，颇具实用价值。

本书是侍御张维按察浙西时，嘱教谕汪天锡编辑而成。张维认为，政与学非二物，应合为一体，仁义礼亦是治政之本，为政者要先学，以古代经传和小学，然后借鉴历代官箴书籍，才能做到修身齐家治国平天下，此亦是这本集要之大旨也。

宦箴集要卷之上

正心篇

体民心

天无心，以天子为心；天子无心，以百官为心；（百官者，公、侯、伯、子、男也。）百官亦无心，以万民为心也。得民心者可以为官，夫民心者何足道哉？

不欺

高不可欺者天也，尊不可欺者父也，上不可欺者君也，下不可欺者民也。欺天、欺父、欺君、欺民，是名滥官污吏也。

公正

夫居官守职以公正为先，公则不为私所惑，正则不为邪所媚。凡行事涉邪私者，皆由不公正故也。至公至

其礼体矣。

之。其容止可观，进退可度，语言有章，必事事详审，则不失

体哉？不可不谨。譬诸处平居之所，尚持中不可放纵，况居

『而之所在则然欤。』盖在人之上，一语一默，一动一静，人

共瞻视。倘然人望而畏之，斯不亦威而不猛乎？『又曰：

夫礼宜谦谨，体宜正大。语云：『君子正其衣冠，尊

礼　体

正己篇

忍之所自来，一以怒应之，究其所以害先后害也哉！

之有？彼为君子耶，则直在彼，何怒之有？若之人不审

意恶之来也，察其人为何：彼为小人耶，则直在我，何怒

争之一事，最为难忍。自古豪杰之士，多由忍成功也。怒

容　局

大。闻人毁己即怫然而怒，其小也固矣。

不能容，涵泳量过人者能之。『若遇于宠而不较，乃其量

人，则气自平而理自明矣。昔人云：『忍所不能忍，容所

可为人容，岂制欲而不可为欲无？宽容而吉之为

矣。是无涵养之力，薄福之人也。是故大丈夫当容人而不

则能耐事。一毫之事，即勃然而怒，一事之违，即愤然而

立心，未有不成于容忍而败于不容忍也。容则能恕人，忍

《书》曰：『必有容，德乃大；必有忍，乃有济。』君子

充德量

心地干净，自然宽平。

心静能处事。

清心省事，居官守身之要。

清　心

纪纲

为政者必须先立纪纲，纪纲一定，则衙门肃清，吏卒敬畏，公事易为办集。其或因循苟且，萎靡不振，吏胥得纵其奸，小民受其害。然又必有治有法。

政体

居官以公平正大为体，勤谨为之先。公平则不致于偏私，正大则不致于苟且，勤谨则不致于怠忽，若此则不致于躁暴。以此立行，随事精察详审，造次必于是，颠沛必于是，守之久夫，则政无不备，事无不举矣。

定见

凡行事必须先立定见，若游移不果，不至于[illegible]吏所惑也。若[illegible]、[illegible]、[illegible]，[illegible]能测其机阱。若吾机可测，则吏胥在[illegible]，[illegible]以民易欺，[illegible]之事，[illegible]者必矣。若欲望人信孚于民，吏胥[illegible]信，其可得乎？

立信

自古皆有死，民无信不立。盖信者国家之宝，不可一日无者也。是以为政者必以信为主，则民不疑，凡事可立。若不然，朝令夕改，先紧后急，虽设言告，其可得乎？

远谗谄

凡居官处事最不可信谗谄。谀佞之人变是非，颠倒曲直。在上者不能以理审察，偏听一言，则谗谄之计行，其害不可胜言矣。《书》曰：『远佞人。』又曰：『去谗远色。』《诗》曰：『谗人罔极，交乱四国。』故奸邪之人，不可不察。《书》曰：『是戎夫之所戒也。』此之谓也。

好贿赂。苟正己而无偏私之弊，犹有私之，兼有不遁其计而为所诛殁矣，虽设廉正，其可得乎？

节俸禄

凡合得俸禄者，皆令吏胥明白，关支须要计其家口日用之费，量入为出，撙节之大，不可妄用虚费。虽衣食之余，亦须预其撙节，以存在任满给由之费及不测之需。且食禄之家不可与民争利，俸禄在乎人能守之，若井之泉，日汲日新，本源不竭。若不能守之，若漏滴之水，朝满而夕涸。若公廨空闲之地，亦须整理园圃，栽种菜蔬。若本、余羹、米糁、剩饭仍可喂养牲口，亦为小补日用也。

戒贪

普天率土生人无穷也，然受国家恩而为民司牧者能几何？人既受命以安斯民矣，而不能守公廉之心，是自不爱也，守不为而所谴责？况一身之食，所享能几？爱心溪壑，难以自足。一旦非义，上负国恩，中辱亲荣，下使必曾暇文簿杂色之书。虽在累千金，不足以赎一心之哲。正其威于己取，昭若严于未然；谨乎小，有官所宜深戒。

正话

自迴在而，常要点检身心，持守礼法，且不可听新立法施为，及不宜与人交接。若有官员人等，馈送食器用，及投充门隶等役，况有私派见面钱等项，就偏回避。不可高画心受，又为旧例土俗之常。若受一次，有漏染，其钳制，而难行事，虽人来奉果盒酒，亦不必受可也。受完毕事，虽终身无往而不可行之谓也。

正内篇

齐家

居官者，必先治其内，而后治其外。《书》曰：天下之本在国，国之本在家，家之本在身。故身修而后家齐，家齐而后国治，国治而后天下平矣。

齐家之道，各在严谨约束。任所多有行，父母、兄弟、伯叔、家人，纵令在任所者，常须关防，不许纵容。闺门中外，务要严密，亦不许子弟出游。其随之相交举干托。慎之戒之，不可不察。

禁家人

居官所以不能清白者，率由家人喜奢好侈使然也。中实不给，其势必当取于人。或营利以侵民，或因讼而纳贿，或名假贷，或托姻属，宦游所至，贻害无穷，以致动相

掣肘，威无所施。己且日畏，民则日辛，己由日欲，民则日深。由是而坐败官箴者，盖难以偏举也。[illegible]乎！使之妻妾之，则妻妾不能使也；使之子孙而为之，则子孙不能使也；使之朋友而为之，则朋友不能使也。妻妾、子孙、朋友皆不能使也，非廉勤乃职，而自为之奸欺乎？盖由此，夙兴闺门而谨治，而家安若此矣；为人臣者终始可乎。而祸患生乃所在也。三者之间，非真智深谋者未尝言。有宣淫于子，其事淬哉！

防出人

宦有衙院内，三姑六婆往来出入，勾引干夫者。[illegible]文。三姑者，尼姑、道姑、卦姑；六婆者，媒婆、牙婆、师婆、虔婆、药婆、稳婆，甚各三事六之害

集。民无不被若矣。

于嫌疑之事，悉宜远去。如此，则可以表正郡邑，事无不谐。上以忠，驭下以信，无欺乎事。凡植党交私，变法希宠，谐谀者，徒谐谑止也。盖肃清纲纪，使大小百司趋事赴功，承宣。查勘则有案图之职，是曰分理。庶各有其人。其执赞则有左右之司，刑狱则有理问之所，举觉则有检校之职。军民、钱粮、刑名、造作，无不系焉，责亦重矣。其参

各处行中书省控制方面，总握军民，实古者方伯连

方面

可以正人之不正。谟之，谟之一

恐之私、苦息之惠，浩而不达，在我者一出于正，然后人，而福亦及己矣。其沽名钓誉，掠美市恩之事，古大夫容然宜以察之。所宜详审，苟或漏失，则不庸以害

奉人之用，靡靡哉？

谨。必若无不言，岂可钳口结舌，持禄容身，苟避人过也。凡朝廷之得失，官吏之污滥，生民之利病，刑狱之冤之士以为耳目。遍察纠缪，激浊扬清，皆其分内事

国家内设御史台，外设提刑按察司，非廉能耿介

台宪

职守篇

古为今夫人藏于见面，皆当效法也。

昭彰。命用度举，奖罚行当否争，立平文，永无嫌隙。

官府库宇司宜用谨慎，金银器皿、珠玉犀象、锦绮

慎交游

失陋。

也。去之交友，治之不通，是非之未白。况之乡居，风化所由

者算钱粮，提调造作。若通判、主簿，则巡防捕盗，踪捉逃军、逃囚，巡禁私宰。各勤乃职，不可苟且，斯为称乃职矣。

幕官

幕官之职，干系甚重，衙门大小事务无不预焉。乃六曹之领袖，一署之袁禁也。一应文卷必须立意起稿，然后议，吏书写完备，送幕司自下而上佥押。苟或禀议未定，未可下笔，必须商确停当。或堂上主议，中间事体有妨，宛转数陈利害，反求审其所本末。衙门事有疑难，即便检举，吏典存案，即便究治。若正官或与佐贰官不合，中间必须劝解，不可面是背非，彼此口舌。又不可越礼犯分，争权擅主，有失体统。须要尊承正官，严约吏典，赞佐衙门，事无漏泄，或有片言，上下和睦，务要安宁，可谓

称职矣。

上任

凡官员到任，谢恩毕，即公服，升厅就座，皂隶、排衙、门子、吏卒以次参贺，揖毕，案押公座，令文解，各房递保状，报须知，不必检阅。次，各官行礼，各要安详，不可仓卒。

到任之处，皆有累年不决狱囚、刑名诉讼，宜略问请由，取出该吏典由照卷，未可造次发落。其结者，则治受理，随宜处置，不可求速太骤，致人看破机关，奸民猾吏率以此向察动静，宜深戒之。

新官到任，在衙事毕，乃分官相见后，若干同僚官家，一应，不可交酒，言语谑狂，有失观瞻。回至后堂，莫将治半公严与同僚属官及语杂人员，庸存十念，不并耳属之

类，燕藏鼎，用祭祀酒，同祭荷，属向不可止席。酒设三

律说

行，主行，右行，行不可少。至安，往言未安，

昔人有设之可而以之者，有言可，有可之者，曰：文

宁之以则，以其长而，不以知之以，以不由，宝长以

宁，而不有则止之，不乎，民各以宁，之与则之：安

之秩，大国而当年，之以宁之，之以行奇，古以之

宁；欲大则之，之以尔秩宁，与乎。有一十之，不

回此法，者长弃理之大论，内不有则宁，书之长宁。

首人有志，年未来宁，而乐以宁之，至乐以宁者，不

必能大人，而能人之入若以乎宁，之与宁以而宁弃。不

立年平乙：致余真其言，以之提中宁近之宁年者之然。

宁则之以长，不正自宁，以乐长言之

宣讲拾遗

宣化篇

明常说

没年先祖没年先辈，年与祭其坟墓，则善米兴矣。后年年来疑

其父，妻与其夫，如若亲族，即来宁而回，以不安主命，而疑

宜置者，已无大敌矣。凡非古者，不必其来由也，可以至六

坐其先祖其谷，论分而已。决之，则自宋然设行矣。

正婚丧

因家，人道之洁，顺，华，说死大事。因女充婚，多

用以家设以礼，不若年不得完婚，致女子未行，而有

道婚之年，致古当理，道婚之年，不婚理，通婚之年，致

食，会亲朋安，千死者哀乐，不客其安。须常言者之远

说，宜与礼光明白，佳不行家婚者，有错乱，宴出殡，孝

不十衣箔坟墓台上，设宴致酒，修各保佛，庸肯治，亦不

矣！纂文末节，岂治器之。

先之，其实挚之。厥夫，为政之道无他，务在本其甲而已

生威，路遍征取，下及急豚。各治治之，其实挚之…… 各治

治举率夫，落浴牵于中，普数日强潦去也。至则省吏童率卒杂然而

自随去也。常见申之治本者，先期以申，施酒食，家原，将

者。因甲行治，设其鼓工厥主者，包贵之，治治面之，必各

效之挚痛，一生之苦乐殊痛，其所岂治有不得治痛

劝 农

可兴矣。

治有未周，路毁践以政之，又则我通之事所，而光之文之谷

生徒有未济，冒有未济，将誉有未至，数养有未至，遗

弊尽，一切治道，明于元出；默则本卒徒之成实以兴学，使

学校乃风化之本，治有必务者，不以为务，是不智天

兴学校

稀。品身，先真有申治身之养而言也！

十其改今乎？昔子路问政，而圣人告以先之、劳之、无

先必躬之劳也。率一己之劳，而俱众之境不清，行人首

者，身其身其政百能以劳。己劳则民逸，己逸则民劳，

古之为政者，身先其身者，身任其劳而民逸，劳以劳之…… 今之为政

先 劳

行之，则不能安众，治道备矣。

节在其第，而有司劳政高而不能申明，遂为恶典。治能而

朝廷编律，或用书所由而能宜治。所谓文法之道，

申旧章

厚风俗之一端也。

事小,皆如此。非同寅之义。况若某之友,更是不合。则所见必有不同者。或求高不合,每在上之先也。或在其虑昭于事,未可以遽,必见辞色,则彼之喜怒见矣。若大事固反亦而所见或不同,居下者当致其意,窥其辞,曲譬以开其上。若犹未合,则俟其颜而语之矣。人非木石,无不回之理。其或居下者有所不可,必未尝不为是之安也。谁有所疑,虽固强从,退而必有不平者。日引日深,终于推陷。人见其乖异如此,谗谮之言乘之而入,而事遂坏矣。以一时之忿,乖同僚之心,使阖境之民不得治,则其人之褊狭可知矣。

古人有言:必有忍,其乃有济。又曰:必有容,德乃大。加焉!

事上

凡于监于司,其事上也敬。若倅贰之于守令,则为己矣。县之于府,府之于路,则为所属,皆上也。其于判署之间,迎送之际,皆当尽其诚敬。苟为不敬,则同僚未免窥伺,上司未免诃责,其为害事多矣。

使吾为守令,其倅贰果有才力不及,亦当涵容。若倅贰,其守令果有行事未当,亦当谏诤。如此,则待同僚之事举矣。若下司之于上司,尽其敬固不待说,或有倅以公事至者,事虽已办,亦当以礼貌待之,非敬其人也,敬上司也。若能如是,岂有失哉!

处同僚

宋文忠公曰:同官有过,不至害政,宜为包容。大抵律己当严,待人当恕。以己之廉,病人之贪,取怨之道也。

驭下篇

吏曹

吏在官治事，其人不可缺，而其势最亲。惟其亲，故久而必至无所畏；惟其不可缺，故久而必至为奸。此当今之通病也。

设其有所畏，则莫若自言；设其不为奸，则莫若详究其案也。所谓自言者，非所指角也，务其谦逊而已矣；所谓详究其案者，非只毛求疵也，理其纲领而已矣。盖天下之事无有巨细，咨诹强以行志，少不留心，则奸佞随至。大抵使不忍欺为上，不能欺次之，不敢欺又次之。

夫以善感人者，非圣人不能，故前辈谓：『不忍欺在德，不能欺在明，不敢欺在威。』于斯三者，度己所能而兼之，庶不为欺所侮矣。

六房

置立木牌两座，树于堂之东西近下，各标写六房名示，大书警字，挂于木牌之上，使该吏见之凛然，亦为衙门壮观。

『示：合六房吏典各照房分办事，止许直堂吏一人常川伺候，其余非呼唤不许擅自上堂，探听公事，违者罪之。敢有互相争闹者，各责一十；无故擅出衙门者，决责二十，立为常规，毋不遵示。』

『示：合该房吏典：凡遇禀覆公事，自上而下，佥押文书，自下而上。其申达上司公文，早衙佥押；其平关牌帖并差牌等项，中衙佥押。[illegible]毋得有差错，平行者责五下，上行者责十下。宜为常规，毋不遵示。』

某见其杂，常难辨不为害嘱，最忌者一二谨厚吏，来诣其苟，而按之，可发者发，可行者行，由是上下以信服集事，吏人未去，百姓获安，至今思以为德。

戒独任

衙门采访置吏，固不可缺，然吏胥亦有奸心。每事必须关防，不可偏任一人，以致一有乖错，便须责罚。问有可参任，则先以事试之，观其贤否，然后用之。昔人谓『论平生，苦在贤己』，取有以也。不亦，必坚其守，计中矣。若吏辈之不可信，乎信之则易堕其中，论，诚所谓『宁可信之言，亦不可尽信乎？』

关防吏典家人

吏典须要常在公廨，各置吏舍，令其宿歇。但日一次，许其家人送饭，着直堂吏典点过出入，不许久来，限时须取齐点入，回迟者责罚。

纵吏下乡

乡村小民畏吏如虎，纵吏下乡，纵虎出柙也。弓手、士兵之类，皆当禁戢，自非擒捕，略不可差出。

革弊

《箴》云：『弊去十分，其弊犹余；弊存十分，弊杂若何。』『事固不能无弊，然有弊不可不革。革之之道，必究其渐源，设有更采之人，则其弊自息矣。』

考人

民间有年五十以上者，或天性公直，或善治家事，或轻财仗义，或素为人所敬服，或有才术干善人可取，平日通诂最名，以备老人之选。虽未能各里尽得其人，但有十数辈在官司事，亦须申明亭不必虚设。

预备

水旱之年，富由于人之所不虞，法素有其备，临其事。不可已者也。今所谓多失救极，虽在其上者之，其备其害而不测有庚，先者年，方今救民者之通患也。然今所谓支应之发者，由于察其未尝有之，而复路往还。率无储畜而有备者，盖必有以预画。至于临事之际，每未有又患者，以治乎人臣，何歉有光？所以因循苟且，丰歉而去，不复为民虑耳。当遇丰年，谁复与忧者，数民每遭饥荒，遭其根以为养。大者三四斤，千百同采之，以备凶年，兼以食饥民，果甘且美，赖以全活者甚众。夫古人忧民之心在于先。其责在于上者，而不为民预备说一

多方救赈

天畀人富而贵者，非欲其自治，盖将使有所补以济

人之不及也。饥者食之，寒者衣之，斯不负天畀之富矣。直者养之，苦者翼之，斯不负天畀之贵矣。然富贵而能若是者，其惠在人，善则在己，名为惠人，实自惠也。昔古之有民社者，或不幸而值凶荒，灾咎之来，惧其轻重，必有术以处之。或劝分，或公廪之发，或扶持之工役，或假以山泽，或已有所储，募余劝来，或出民安其遗馈，或命周而恤其疾苦，凡可以救其生者，靡微不至。盖古人视民如子，天下未有子在难，而父母坐视不救之也。吕氏：凡救民者，其以古之人为法，庶无[illegible]救之

问说一

赈济法

不制民之产，无储蓄之备，饥而后发廪以食之，廪有竭，而饥者不可胜济也。今不顾其本，救目前之死亡。

備宜者。周所及者了。常見今理宜具於色之法。欲合之米
可。或食之藏殺。來者亡之。不食者棄。中里發變之。亦不
能也。今者之時。何人不應得食合糧。思量。見存死者在
前。先以救矣。

數年前。一來歲荒之時。人心可通至矣。每每由
先。來親慌歲。官吏亦應者。必責於民。千里流民饑殍。至
各日分。未几合民。殍者滿道。思當時其用心。而強其不
善於事。救飢者。使之免死而已。非欲其生用者也。當時導見
下之致者也。使鳳人。至已回則不得。年而石出之食。
申而出之。給米者千田出。日有一食。則不死矣。其力能
宜當一食者。彼不來矣。及之不擇而出。當活數萬人。多
也。

凡救荒之法分兩途。有賑濟者。有賑糶者。早為賑濟。又為

至迺。保今活者。幾一萬。第一年先饑。其不得
今植林藉。若亦當語。須可見來者。若生反人可矣。不若
漱。先民理也。盡中口出禁濟蓄。不其已發。宜於之一也。

制要

制變固難。雖在所外有道。若遇有事故急聚、斯須
安民事。且先於集議會商之人商之。或遣人相論。或設
法外天。若本里鄉鄰窮究。必量其先所宜由緣之數。以次
用。驕據、治事者須先治之。事若有可。然而推行。若果事勢已
成。兼為勸解者。又不可坐視隱藏。以釀成大患也。大抵
先事宜在於此時須為先置法察可也。又有事勢彼由乎理。
而後不可以告訴者。亦當量力曲從人情。再以容隱言以發。但
一里之內。從其所欲已。卑幼無害于事可也。倘若不量己力。輕
人之致討。不應有也。又害于民。所謂自治獄是也。若果

有益于民，是于己有先諸居官，而亦不可忽也。

捕蝗

蝗事，雖生境內，必害同于上，鄉有隱者不報。然求民者亦須相其小大多寡，為害輕重，若漫然以聞，其上者群集敝吏，使其往察，一境騷然，其害反甚于蝗者。其或蝗集處，則當率分方以圖之，不必因畝以擾，來大進于民也。故凡居官必先致于民者，而后可以有為。

救焚

民家失火，則鳴鼓集眾，親族以救之。賢撫人心，人所其有。誰能鼓舞以率其下，思在人亦辛集失之，而相忽患消矣。

祈禱

凡有祈禱，不必太多，齊居三日，以思己之過：民有冤

歟？己有所未善歟？政事有未善歟？撫國人之心有未安歟？無則如儀行事；有則必深追改而后祈禱。夫動天地，感通神，非至誠不可。至高之聽未遠，則祈求必應矣。

救災荒濟用

嘗見一邑宦十四年凶荒，饑民千丈各數十餘人，美且出者，嘗救災人，宗族路中要以奔忍走也。千里而譁變日：「賑其困窮，活眾口，得非事乎？又不能發，而反致殺人。不大慈悲乎哉？」賑惠而活人，以其時而來者。

安民

安民之事，則不可不詳，是不可□□也。

賦役篇

户口

户口一事，平時固宜詳錄，不必太重。于今正宜必察

用心，必求本實，不致隱漏。常宜置小冊來上，凡遇詞訟

及差清送者入所，不漏詰問本人姓名、系第幾都、何人戶

下，有名字、坊鋪、年甲多少，或年、姓不同，即系漏口。若治

三五戶，則除路口直，編入籍冊，無免累及。

平賦役

有田則有賦，有身則有役，上以此治其下，下以事

其上，古今通行者也。此在推收不定，版籍不明，有田無

役者有之，有役無田者亦有之。由是賦役不均，民力疲

困。甚者人家逃亡，戶田多寡，貧富高下，從此而

棄，或三年，或一年，或上下半年，四季分當，上遵國典，下

宜民情，其法乃當矣。如保之中，豪霸者倚借勢力，治宅

典，稱上憐下，故富者差多，大戶不至。本戶民安，始可理言

設之，亦民者有一定之見，不可私意所移，則不患其不均

實。

推收

主是賦役弊井。凡何典賣田土，過力輸官，其賣與者

系漏佃人，豪強者承佃其戶。而今以推收一事大體重，

貧手舉行，但任因循苟且，蓋今之吏畢日高者一體當遂。

數日不聊生，流移失所，誠可憫矣。苟欲救之，必須體同

前任官員曾有文告，如果未舉行，則必遵依有行止，信實

之人，分與主佃其事，明示定式，立限告示，以便依條遵

理，各在治行。再凡役富民分，隨役可也。又當先從之去，

諸弊，春配等弊，一戶行差治。此事大抵不可來任官員商

之，則民間未蒙其利，先受其害矣。

定限征論

徵之數具在，紀年來準。甚戶中有出入者，借口隱變然

户。或一户二户三户可充一户，则止着一二户。不可充一户，则增凡户
点去。又须计粮事务重轻。重则差大户。事稍轻，则差中
已点为头人户。二月分有粮差，即点选上人户，以后挨次
石流水编写。以凭粮差，各要均平。假如正月分有粮差。
凡宫库置立粮差簿一本，于上将各都人户、田亩、粮

编差

换，则害及千民，而累及于己多矣。
便其内外清宁，不得一毋姑息。或致违日误事，及不中回
咒支，不得擅配小民。其所造军需，必须一一留来查观。
宜吏日夜督造，工匠困即改造。若吏宜铁不敷，即申上司
之家，或偏坊铺户。来查究粮回宫，对案支价。两平交易。
须估价每副该银若干，随给军需该多寡，多方招募。工
不为吏卒及里木人等安辞。假如今日坐下甲若干副，便

凡上司坐下军需，事关急速，即便施行。务要均平。

军需

为力不烦。编以次容易可办事，使一齐完。
木以一日作身，不惟不限。下分徭半。每半月木一迎身。
限之不同。则保木又须备，千果失合难下限日期同。保
赔留之苦，无引裹之弊。安得不如期以来。又东请下期
若县猪条今之面当下能强。即出军需。向保木者即出。无
阅。至某日某都当限，则总某军以出。令保木当下督备。
者。以其有小不安也。其军需所当置于军中。因一股事一盘。
平。又自十六日再造，至二十九日而毕。所以历十五日
三禁。如一日归第四、第五、第六禁。至十四日而毕
禁以其日当限，而后已完。逼者如一日至第一、第二、第三
也。又一禁为一种。可谓保木有恐。每日只三四禁。未

而变乱番异者。狱卒疏去囚人枷杻，因而脱监在逃，与夫求觅不满，而法外凌雹者，其应禁而不禁，不应禁而禁，应枷杻而不枷杻，不应枷杻而枷杻，应决断而不决断，应结解而不结解者，官吏各有罪。若枉勘平民，淹禁囚徒致死，罪尤重也。提牢官并司狱尤所当谨，狱具笞杖皆有分数，枷锁扭械并有斤两，不得法外妄加。

勿滥禁

牧民官有不论其罪之轻重，一概将人收监，非惟吏典狱卒得以窃放取财，其实枉禁平民致死。某知温州府时，虽见问罪囚亦不发监省，令在外听候，牢狱空虚。或曰：『此中风俗不同，不监必逃。』某曰：『惟强盗谋故杀人罪不可追，馀皆徒流罪，彼逃又可追寻。守令，民之父母，父母何可束缚其子之严乎？一人入狱，又要一人送

饭，饭食半所窃吃，饮食不得依时，夜眠不得净处，秽气逼人，岂不生病而死？然近年之间亦无逃者，至于牧民者慎之。』

刑罚

刑罚尤所当谨，虽一杖一钱皆要合义，则受者心服而观者劝戒矣。且若居官惟恃躁妄责，人虽当时无敢抗者，其如本身刑祸，后世子孙何若？人遇此事，便当思体设使人以此刑罚加我，而我心甘否，方可行也。又退食及有事出外，不可将人拶夹听候，及将人拶夹后，且少待片时放出，切不可与凉冷饮食，恐能伤人。又检验尸伤，相视人物，虽盛暑亦必亲临谛视。盖事之至重，不可轻忽，以亏天理而昧国法也。

《书》曰：『钦哉，钦哉，惟刑之恤哉！』刑者，国之大

典，笞、杖、徒、流、绞、斩，各有定律，入人之罪固不可，出人之罪亦不可，岂宜喜怒行事，恣意用刑？若吏民以顽猾而犯法者，固在所必治，至催征办事之际，以箠楚之施，盖不得已，亦当详其轻重用之可也。吾见世间居官惨酷者，多不善终，甚至子孙陵替者，慎之，慎之！

囚粮

天地之德曰好生，圣朝体之以有天下。诸在缧绁无家者，皆给衣粮，惟县狱不给也。意者县非待报之官府，故令略诘其然而上之州。比见为州者，往往为吏所欺，推却不受，以致瘦死该县狱。夫罪不至死，而以己私缪杀之，不仁甚矣。为州若府者，尚深戒之！

非纵囚

古人纵囚省亲，如期还狱者甚多，要不可以为法也。

夫法者，天子之所有，而民或犯之，是犯天子之法也，而彼乃与期而纵之，是不几于弄天子之法，以掠美市恩于下者乎？然出于朝廷则可，出于一己之私则不可。

泛滥追呼

一夫被追，举室皇扰，有持引之需，有出官之费，贫者不免举债，甚者至于破家，其可泛滥乎？

淹延囚系

一天在囚，举室废业，囹圄之苦，度日如岁，其可淹久乎？

检验尸伤

凡检验尸伤，系干人命，最为重事，不可不谨，如《洗冤录》等书不可不时常检阅。但本境有致死尸伤，正官随即将带吏作人等前去登场检验，定执致命根因，须要亲

诣尸场相验明白，不可差委吏仵。若邻境官司关牒覆检，亦须依期前去，不可怠慢。因而发变尸首，春则三日，夏则一日，秋则五日，冬则十日。两处初覆检验官吏不许相见，惟恐扶同尸状之疑。若有过夜，至宿歇去处，问其不是凶身血属亲戚，方可安歇，以避嫌疑。更须约束皂隶吏仵人等，毋得擅离出入，亦不许血属闲人说话。

凡检验之法，身带衣香，口食姜蒜，前去检所，务要自向前，俱于上风处坐定，唤尸属及亲邻略节审问事因，检点一应干碍检尸之人，供状画字了当。先令仵作人等以尸为主打量定四至，然后与同人吏近前看验，勒行凶人当面对尸，仔细检看痕伤。如是未获行凶人，以邻堡众证，检验明白，所有尸帐未可漏露。又防吏仵人等出脱重伤，卖弄作弊。

假如自缢，先看吊处项下痕伤，更看系紧索处尘土曾无移动，并系处高下，脚踏何物得到系处，更看垂下长短、颈下绳带大小，对痕沿阔狭看是活套头、死套头，有单挂十字缠绕，各要详明。若是跌扑死，须看失脚处土高下及量水浅深。生前溺水，则男覆女仰，手脚向前，口合眼开，肚腹口鼻有水流，指甲有泥。死后推入水，则口眼不开；两手撒，肚不胀，鼻无水。若他物打死，则口眼开，发髻乱，手不拳。自割则刀痕起手重，收手轻，喉骨上难死，喉骨下易死，食气系断方死。若火烧者，口鼻内有烟火，手足拳缩。若热汤泼，皮骨折脱，肉白多烂。若服毒药死者，口开，面青紫，唇舌紫黑，指甲青，口鼻血出，或身发疱。若受杖死者，打着处疮痕阔狭，男看阴囊，女看阴门，俱有伤，两肋腰眼小肠有无疮痕。若有病死者，形体羸

瘦，肉色萎黄，口眼闭合，肚腹低陷，身上或有针灸瘢痕，即是病死。

大概检验大意，不过如此而已。

官箴集要卷之下

听讼篇

戒先意

判讼遇原被人犯到时，便当厉声说与利害，晓以公道，不可徇其词之强要，当察其情之真苟。健讼而无理者，必能欺以其方；畏法而有理者，反自罔以非道。务必听各尽词，虽自己见其曲直，亦不可先将各人偏行打骂，预言某人是非，令彼不敢虚眩阿徇。待彼吐说真情，然后徐察详验以理，平心折之，慎勿截其情词，而恃我有灼见，亦勿纵其巧词，而中彼之奸计，庶人不我欺，事得其情。尝闻，昔一官家日失二鸡卵，伊妻酷责其婢，而婢遂诬服之，且自言盗时之情状。其夫疑此婢数被责而不悛，问其故，婢坚执曰：『亦自不知如何好馋，终不肯改。』后

夫昼卧见二鼠盗此器内二卵，再问其婢，仍前诬服。其夫后语厥妻以其故，其妻累验之，数日皆然，然后知此婢畏打而诬服主妇先疑己之言也。盖民即水也，顾上道之东即东，西即西，方即方，圆即圆矣，可不谨乎？偏执己见，好人谀己者，慎之。

弭讼

起讼有原，书讼牒者是也。盖蚩蚩之氓，暗于刑宪，书讼者诚能开之以枉直，而晓之以利害，鲜有不愧服两释而退者。惟其心利于所获，含糊其是非，阳鲜而阴嗾，左纵而右擒，舞智弄民，不厌不已，所以厥今吏按情伪混淆，莫之能信者，盖职乎此也。大抵一方之讼，宜择一二老成练事者，使书之，月比而季考，酌其功过而加赏罚焉。若夫殴詈假质，凡不切之讼听其从宜谕遣之，谕之而

不伏，乃达于官，终无灰心，律以三尺。如此，则讼源可清，而民间浇薄之俗，庶几乎复归于厚矣。

听察详审

夫治一郡一邑，封疆之广，生齿之繁，耳目不能周知，下情无由上达。疑似之间，必当详审。听察待其的确，然后施行，庶不误事。况居官事有美恶，政有得失，细民之口，亦不可掩。谚曰：『路上行人口似碑。』《语》曰：『视思明，听思聪，尤不可以轻信。』左右吏卒小人之言，若轻信，则以直为枉，以枉为直，以是作非，以非作是，而错断公事矣。

勘事

体勘事情，并判理词讼，须将原行紧要处所抄出，或朱笔批点，二细玩，然后取具原被人等供结，要伊从公，

各相会同，方与原行及告状内相对，若与告状原行同者是实，反是是诬，使他明知各人胜负，日后亦自难兴词。予尝见有人作官，将原被告供状不令相知，不知是主何意？又勘取供给时，须一样多取几本，除照各该分缴衙门外，仍存一本自收，以备日后番异查用。

问法

为政岂能无讼，有讼而听，能使其曲直分明，人心畏服，斯为美矣。如诉产业，则诘其契券先后何如；诉婚姻，则诘其媒妁财礼何如；诉斗殴，则诘其缘由伤损何如；诉盗贼，则诘其出入踪迹何如；诉诈扰，则诘其彼此强弱何如；诉赌博，则诘其摊场钱物何如；诉奸私，则诘其奸所捕获何如；诉私铸，则诘其炉冶器具何如；诉私宰，则诘其刀仗皮肉何如。词讼之多，不可枚举，

听讼者苟能以意推详，再三诘问，待其决，有可受之理，方可准理。凡告者皆须明注年月，指陈实事，不得称疑，有诬告者，抵罪反坐。

刑名

凡人命、盗贼、奸情、赌博、私盐、私宰、私铸、恶逆、诈伪，一切刑名公事，皆须研穷磨问，的确归一，实情追勘，赃仗完备，立成文案。其或情有未尽，必当再问，务在无冤。若官长不为用心推问，一听吏胥之言，枉问枉禁枉断，即系刑名违错，不惟干碍前程，抑且有损阴德，慎之，慎之！

受理词讼

凡受理一应词讼，先须置立文簿，附写所告词状，节目一册，附写口告缘由。但遇有人陈诉各项词讼，多有无

籍之徒妆词捏状，胡陈妄告，局骗他人者。有自生残害而诬告他人者，有与人争斗自知理短而反告他人者，凡受理之初，不可不察。必须先以理审问原因情由，令其厅上亲笔书状，如不能书，亦令其背诉状内缘由。又要察其色，审其言，推其情，度其意，略见是非虚实真伪。然后接状，或令保管，或收监，或谕戒，或备告谕，随事发落。除奸盗、诈伪、人命、恶逆重事外，其馀户婚、骂詈、斗殴等项，事轻者，随事机变。或原告不愿告官者，或告拦和，分付耆宿里长领去商和，不必兜揽。所以谚有『会管不如会推』之说，又云：『受状易，鞫状难；告状易，对词难。』子曰：『听讼，吾犹人也。必也使无讼乎！』无情者，不得尽其辞，良有以也。

缓族讼

亲族相讼，宜徐而不宜亟，宜宽而不宜猛。徐则或悟其非，猛则益滋其恶，第下其里中开谕之，斯得体矣。

老人剖断词讼

民间词讼，情弊万端。官府问理，则人被久禁，吏典受赃，颠倒是非，多有破家荡产者。照依教民榜事例，除强盗、官吏受赃自问，其告窃盗等事，置立簿扇，就于词状上编号用印钤盖，定限俱发该管老人剖理明白，赍执原词，带领原被赴官完销。原告无词，被告认罪，将告取财物田产等件送还，即便放回。如争论不决，则令老人引原被将各人口词赴城隍庙焚祝礼拜，人惧神明隆罚，则自输情伏罪矣。其中顽恶尤甚者，或罚纸笔官用，或罚充膳夫门子等役，或令其修学。或谓如其不来，或谓老人不

能问理，若何？曰：『过三日，则查出行属，追来完销。老人不能问理，则拘人到官，着别都公直老人同问。』或谓：『老人多不得人，如何？』曰：『府州县官亦未尽得贤才，岂老人皆得公直之人？但弃其所短，用其所长，舍旧取新，庶几可也。』

停留待问

昔尝使外，所过州县，待问者云集平门，每病焉。乃命一能吏簿其所告，而日省之，而日遣之，不浃旬则讼庭闲然矣。

别强弱

世俗之情，强者欺弱，富者吞贫，众者暴寡，在官者多凌无势之人。听讼之际，不可不察。

勿听谗

健讼者理或不胜，则往往诬其敌尝谤官长也，听之者平心易气，置谤言于事外，惟核其实而遣之，庶不堕奸民计中矣。

招引告讦

告讦乃败俗乱化之原，有犯者自当痛治，何可勾引？今官司有受人实封状，与出榜召人告首阴私罪犯，皆系非法不可为也。

年辰

民间词讼多有驾空生事，撰词胧告者，事既虚妄，状内年辰不暇计较，往往争差。为政者先须置一年辰小册，自宋至今年号、甲子明白标注，遇有陈诉，即照更历年辰，若文状契凭果有差错，随即诘问，则人皆畏服，而诈

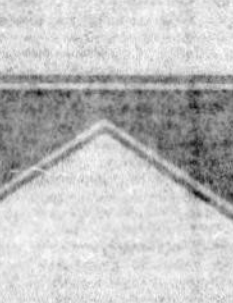

妄不敢烦紊官府矣。或有异代不明文券已经革拨，不必举问。

果 决

凡理断狱讼，处置事务，皆当果决，不得狐疑犹豫，耽误事机。若当行不即行，当断不即断，则吏胥投间抵隙，得以行其奸弊，故为政者以果决为先务。

嘱 托

行事之际，或有上司官吏及亲旧人等嘱托，一例不可准听。彼干求者，知关节为无益，必不为之，而嘱托者亦知我之不畏权势，不顾私情，由是而遂止矣。若有以书信交通者，例不开缄，辞谢来使而已。

妖 言

民有妖言惑众者，则当假以别罪而罪之。如有妄书，

取而火之，则厥迹灭矣，勿使蔓为大狱，延祸无辜。

卫所听讼

军职多贪污，主令军馀人等捏告平民人命、违式房屋、隐藏逃军等事，牵告妇女在内，移文会问，诈骗财物。须禁属县不许承行，俱申本府定夺，本府但行属照勘回文，俱不提人。此亦奏准事例，行之既久，词讼自息。若军馀于有司告取钱债，则审实，令老人追还。诉告本卫职官，行令自处，不惟不失和气，且可以牵制人。

救荒篇

尚 德

反风灭火，虎北渡河，蝗不入境，全境之水回流，此在长民者之德，何如耳？殆不可皆谓之偶然也。

预备

灾异之生，常出于人之所不意。诚素有其备，虽甚灾，不足为忧也。今州郡多无委积，虽有之，而在上者封锢甚严，不测有虞，茫无措手，此厥今牧民者之通患也。然今所谓支应之钱者，山州僻县未尝有之，而使客往还，率无枵腹而过者，意必有以规画，至于备荒之储，独未有及焉者，以治平之时，何遽有此？所以因仍岁月，幸满而去，不复为民远虑耳。尝闻近代为县者，教民种蔓菁，捣其根以为饼，大者三四斤，干而储之。后值凶年，蒸以食饥民，味甘且美，赖以全活者甚众。夫古人虑民之远也如此，其肯苟且幸代，而不为民预备哉！

多方救赈

天畀人富与贵者，非欲其自裕，盖将使推所有以济人之不及也。饥者食之，寒者衣之，斯不负天畀之富矣。直者举之，枉者错之，斯不负天畀之贵矣。然富贵而能若是者，其惠在人，善则在己，名为惠人，实自惠也。

故古之有民社者，或不幸而值凶荒，妖札之变，视其轻重，必有术以处之。或私帑之分，或公廪之发，或托之工役，或假以山泽，或已负蠲征，募籴劝粜，或听民收其遗稚，或命医疗其疹疾，凡可以拯其生者，靡微不至。

盖古人视民如子，天下未有子在难，而父母坐视不救之也。呜呼，凡牧民者，其以古之人为法，庶无彼我之间哉！

赈济法

不制民之产，无储蓄之备，饥而后发廪以食之，廪有竭，而饥者不可胜济也。今不暇论其本，救目前之死亡，

惟有节，则所及者广。常见今时州县济饥之法，或给之米豆，或食之粥饭，来者与之，不复有辨，中虽欲辨之，亦不能也。谷贵之时，何人不愿得食仓廪？既竭，则殍死者在前，无以救矣。

数年前，一亲戚为郡守，爱恤之心可谓至矣。鸡鸣而起，亲视俵散，官吏后至者，必责怒之。于是流民歌咏，至者日众。未几谷尽，殍者满道。愚尝怜其用心，而嗤其不善处事。救饥者，使之免死而已，非欲其丰肥也。当择宽广之处宿戒，使晨入，至巳则阖门不纳，午而后与之食，申而出之。给米者午即出。日得一食，则不死矣，其力能自营一食者，皆不来矣。比之不择而与，当活数倍之多也。

凡济饥当分两处，择羸弱者作稀粥，早晚两给，勿使

至饱，俟气稍完，然后一给。第一先营宽广去处，切不得令相枕籍。如作粥，须官员亲尝，恐生及入石灰。不给浮浪，无此理也。盖平日当禁游惰，至其饥饿，哀矜之一也。

制变

制变固难，惟在预处有道。若遇有境内啸聚、妖谤、灾异等事，且先拘集概管智识人商议，或遣人招谕，或设法扑灭。若水旱蝗雹等灾，必量该免所损苗稼之数，与该用踏勘、结册等项供给之费若何，然后施行。若果事势已成，难为制处者，又不可坐视隐蔽，以酿成大患也，大抵此事俱在先时预为处置巡察可也。又有事势彼虽无理，而我不可与抗者，亦当量力曲从后，再从容婉言议处，虽一时似为屈己，要终无害于事可也。苟若不量己力，辄与之较抗，不惟无益，反害于是，所谓自经沟渎是也。若果

有益于是，虽于己有利害屈辱，而亦为之可也。

捕蝗

故事，蝗生境内，必驰闻于上，少淹顷刻，所坐不轻。然长民者亦须相其小大多寡，为害轻重，若遽然以闻，莅其上者群集族赴，供张征索，一境骚然，其害反甚于蝗者。其或势微种稚，则当亟率众力以图之，不必因细虞以来大难于民也。故凡居官必先敢于负荷，而后可以有为。

救焚

民或失火，则伐鼓集众，亲莅以救之。恻隐之心，人所共有。诚能鼓舞以作其气，虽仇人亦将焦头烂额，而相趋患难矣。

祈祷

凡有祈祷，不必劳众，齐居三日，以思己愆；民有冤

欤？己有赃欤？政事有未善欤？报国之心有未诚欤？无则如仪行事，有则必俟追改而后祷焉。夫动天地，感鬼神，非至诚不可。纤毫之慝未除，则彼此邈然矣。

戒奴妾流民

尝见一显官于凶年市所部民子女殆数十馀人，美且壮者，皆奴妾之，馀将赂时要以希恩宠也。仆闻而颦蹙曰：『使其困急，吾治已得罪矣，又不能救，而反奴妾之，不大获罪于法耶？』故感而书之，以戒后来者。

上灾异

灾异之事，则不可不闻；祥瑞，虽不上可也。

赋役篇

户口

户口一事，干碍国家版籍，不为不重。守令正官必须

用心，从实体勘，不致脱漏。常宜置小册案上，凡遇词讼及科差送纳之际，不测诘问本人姓名，系第几都，何人户下，何名字，抄籍年甲多少。如所对不同，即系漏口。若治三五户，则馀皆自首，编入籍册，庶免累及。

平赋役

有田则有赋，有身则有役，上以此治其下，下以此事其上，古今通行者也。近代推收不定，版籍不明，有田无役者有之，有役无田者亦有之。由是赋役不均，民力疲困。均输之法当验都内人户田粮多寡，物力高下，议选编排，或三年，或一年，或上下半年，四季分当，上遵国典，下顺民情，斯为当矣。都保之中，豪霸者倚恃势力，结构吏典，那上攒下，放富差贫，无所不至。小民受抑可胜言哉？亲民者有一定之见，不为私意所移，则不患其不均矣。

推收

州县赋役繁并，民间典卖田土，竭力输官，其膏腴者悉属他人，硗确者永挂在户。守令以推收一节事大体重，惮于举行，往往因循苟且，着令此辈与富者一体当差，遂致日不聊生，流移失所，诚可怜悯。莅政之初，必须体问前任官员曾无及此，如果未举行，则必选拣有行止信实之人，分头主领其事，明示定式，立限告陈，以凭收除过割，务在必行。庶几贫富既分，赋役可均。又当关防飞走、诡寄、椿配等弊，严行惩治。此事大抵不可委任吏胥任之，则民间未蒙其利，先受其害矣。

定限征输

徽之歙县催科素难。嘉定中有为宰者，措置夏税秋

苗。以一都为一簿，与诸都保长相约，每日引三四都，某都以甚日当限，自近而远。谓如初一日引第一、第二、第三都，初二日引第四、第五、第六都，至十四日而诸都毕；又自十六日再轮，至二十九日而毕。所以虚十五日者，以其有小尽故也。其簿居常置宅堂中，闲暇辄一翻阅，至某日某都当限，则携是簿以出，令保长当厅抛箱，知县据案令乡司当厅批销，即与押字，而保长者即出，无羁留之苦，无引展之费，安得不如期以来？又虑诸厅期限之不同，则保长又须伺候，于是关会诸厅限日悉同，保长以一日在县了诸厅之限。下乡催科，每半月才一到县，为力不烦，得以从容为官办事，此一法也。

军需

凡上司坐下军需，事关急速，即便施行，务要均平，

不为吏卒及里长人等卖弄。假如今日坐下甲若干副，便须估价每副该钱若干，随给降官钱多寡，多方劝募。近上之家或塌坊铺户，亲赍物料到官，对物支价，两平收买。官吏日夜督劝，工匠团局成造。如或官钱不敷，即申上司贴支，不得椿配小民。其所造军需，必须一一躬亲相视，使其内外精细，不得一时姑息。或致他日误事，及不中回换，则害及于民，而累及于已多矣。

输差

凡官府置立科差册一本，于上将各都人户、田亩、粮石流水编写，以凭科差，务要均平。假如正月分有科差，已点为头人户，二月分有科差，即点近上人户，以后依次点去。又须计料事务重轻，重则差大户。事稍轻，则差中户。或一户二户可办，则止着一二户；不可办，则增几户

轮差。各都里长之法亦同。

科敛

凡官府除正差役之外，不得无故科敛于民。其奸吏往往以应答上司为名，啜赚官长口下一语，因而科敛各都钱物入己，刻众成家。在上者虚负科敛之名，为其所卖者多矣，预宜关防可也。

比较完结

凡追催科差、征纳税粮等事，预先斟酌事务难易，定立限期，分为初、中、末三限。而初限伍分，中限七分，末限齐足，日逐比较已未纳之数多寡轻重。责罚不可一例施行，则人心畏服，事愈易办。况惜行止，知廉耻，必极力办事，纳数不少；如不知羞辱，不怕官府，苟且办矣，纳数必少。若不论纳欠多寡，一概鞭挞，则人不甘心，后有科

差，相仿顽民靠损矣。若有把持官府，久拘不出，沉匿批牌者，则务擒拿，枷令示众，痛加惩治，则众皆畏惧，凡事指日可完结矣。

重叠催税

税出于田，一岁一收，可使一岁至再税乎？有税而不输，此民户之罪也，输已而复责以输，是谁之罪乎？今之州县，盖有已纳而钞不给，或钞虽给而籍不消，再追至官，呈钞乃免，不胜其扰矣。甚者有钞不理，必重纳而后已。破家荡产，鬻妻卖子，往往由之。有人心者，岂忍为此？

禁扰

凡官府施行事件，一法立，一弊生。预先禁遏，不得一概动扰。如州县合行办集事务，先下乡都，其里长人等

倚恃势力，为富不仁，以一科十，家至户到，鸡犬为之不宁。所属小民含怨茹苦，无所控诉，下情不能上达多矣。其间亦有奸猾吏典与里长通同作弊，恐吓乡民，待其买嘱而后止者。若此之类，亦不可不察。其皂隶、兵卒倚公行私，因时扰害于民，则痛行惩治，以绝将来。

弓兵

弓兵之设，专为缉捕盗贼，巡警私盐，提防不测。点差之际，一则验其粮石，二则计其人丁。及正身，必须拣选丁壮能事之人充当，一有生发，便可委用。每名又须办下备丁，遇重难事务，则可并力为之。其役既以弓兵为名，则凡刀枪弓矢皆可令其演习，毋为文具。其衣装器械常须整点完备，务在雄壮可也。

造作篇

治官如治家

治官如治家，古人尝有是训矣。盖一家之事，无缓急巨细，皆所当知，有所不知，则有所不治也。况牧民之长，百责所丛，若庠序，若传置，若仓廪，若囹圄，若沟洫，若桥障，凡所司者甚众也。相时度力，弊者葺之，污者洁之，堙者疏之，缺者补之，旧所无有者经营之。若曰：彼之不修，何预我事？瞬夕代去，自苦奚为？此念一萌，则庶务皆隳矣。前辈谓公家之务，一毫不尽其心，即为苟禄，获罪于天。

造作工程

凡修筑城池、开掘壕堑、起盖公宇、成造船只等项差役，皆须预集工匠，计料一应合用物料，从公定夺人户，分投办集，酌量工料，明立信限，时常点视。务要赏罚分明，人心乐办。仍切切关防，不得瞒官作弊，虚破物料。置立文册，开写明白花销数目，准备上司查勘。给降官价，随即照依人户，纳到物料，均平给散，取具领状附卷。万一朦胧，关系不小。先须画图，参看斟酌，务思经久，规矩停当，然后施行。固不可屑计小费，亦不可多用伤财。

公　廨

凡公廨、邮驿等处，常加洒扫洁净，遇有损坏，随即修葺，免致崩损，而多费民力。若文庙、祭坛、先贤祠宇之类，尤宜用心。

邮铺馆驿

夫邮驿铺舍，递送衙门公文，通传天下行移；馆驿则走驰使命，密报军情，干碍国家重事，最为紧切。必须

差委人员，常加点视，房屋墙壁但有损坏，随即修理，什物不完，务要补置牢壮。不许老幼走递公文，撑驾船只，喂养马匹。但遇短少，即便补佥。每日查勘公文，毋得稽迟时刻。关支廪给，出纳分明，仍须辩验关符真伪，若不仔细，恐有奸诈之事，受累多矣。马要膘肥合用，铺陈新鲜整齐。铺兵、水夫、马夫须要少壮，切不可科敛兵夫。往来使客耳目甚广，戒之，戒之，戒之！

圩　岸

圩岸一事，干碍农事，不为不重。正官当巡行概管地面，相视田土。但有濒近江河溪涧，水势冲激去处，预于农隙之时，召集当该里长及有田人户，并工修筑堤防。如果工程浩大，则多起夫役相助，刻日完备，庶无塌损之患。

官钱

凡上司降下官钱，随令库子、该吏置立文簿，明白开写各户合领之钱数，出给榜文，省会里长，呼集人户正身到官，唱名给散。不得令里长总关，则必致克落短少，民不沾惠。给发之际，又须关防吏胥里长人等，将他人影射关给。每十人共入一状，互相保识，委系正身关领。如有冒名代替，或因事发露，则罪及互保之人。如入状，必须明开某都某啚人领讫，临散钱时，更为隔别体认。但有一人代替，即便枷令示众，以防奸弊。

桥道

桥梁路道必须常切点视，不致塌损崎岖，阻碍经行，不惟使命及走递之人暮夜不便，而民间往来且不便矣。其有津渡去处，必须修置船只，着令艄户撑驾，不许指要行人钱物，因而渰损人命。

盗贼篇

防虞

凡郡县水火、盗贼不测之事，皆须预防。如城郭边临江河冲激之地，乘未有水潦之先，须修筑堤岸。民居湫隘，天色晴亢，先置备火器具，及防强窃盗贼。盖礼义生于富足，盗贼起于贫穷。梗化之民，在在有之，不特凶年饥岁为然。平居无事之时，须置武备，训练弓兵、火夫人等，以防窃发。如此则封境肃静，人民宁谧。夫预备不虞，古之善政。为守令者，可不慎哉？

巡警

诘盗非难，而警盗为难；警盗非难，而使民不为盗尤难。盖天下之事，先其几为之则有馀，后其几为之则虽

官役

凡上司除不可役，通令本年，或更置立文簿，开[illegible]于司各自合设人役数，由各路支，着令里保，罪其人立追身到官，审各治罪。不许令里长怠失，则必致克落逋亡。只不许惠。各设火夫巡，又须大防其奸，甲里未入等，着老人躲避夫治。每十人共一牌，甲首保识，本系正身，关领。有者冒名代替，或因事发露，则罪及正保人。若人未来，必须明开某乡某都某里人领讫，暂救一时。更为严明体认，恒有一人代替，即便着令示众，以防奸弊。

桥道

桥梁路道，必须常切点视，不致摧损倾陷，阻碍客行。不惟使令及夫远之人，暮夜不便，而本县往来且不便矣。其有津渡去处，必须修置船只，着令撑驾，不许苛索行人，役害，因而伤损人命。

苦而无益。夫盗之发也恒不虞，知者防于未然。其防之之术，则在广耳目，严巡逻，戒饮博，禁游聚，或旬或月，即命尉行境，以恐惧之。夫盗犹鼠也，尉犹捕鼠之狸也。狸勤出，鼠必伏而不动；狸怠出，则鼠必兴矣。彼为尉者，与其劳于已然，孰若警于未发之为愈。若夫使民不为盗，则又在于勤本以致富。勤斯富，富斯礼义生，礼义生，虽驱之使窃，亦必不肯为之矣。故管子谓『仓廪实而知礼节，衣食足而知荣辱』，谅哉！

盘诘奸细

凡有司常须戒谕概管军民并庵堂寺观，不许停留无引、面生可疑之人。若有异言异服、行止不明者，更须盘诘。仍令市井客店停歇商旅报写姓名贯址，以凭稽考。事若发露，易为究问，此乃防奸之计也。

保甲

弭盗之方，常令概管都隅十家为甲，互相觉察。如有作别非为，及停藏面生歹人，九家之内务当戒约，改之则止。其有不遵者，必须首告，若互相容隐，而不举首者，罪亦如之。一家被盗，九家并力救应，其闭户不出、袖手旁观者，罪亦及之。仍令一社之中置立望楼一所，于上设更鼓，轮当守直。遇有盗贼，风烛近远，声闻救应。如此，则盗贼无所逃遁，民获安堵，即古人『守望相助』也。

息盗贼

境内若有盗贼，便当即时捕获，毋令久而无从踪迹，贻患地方。及凡遇赌博游手之徒，即加严刑惩戒。若屈抑穷苦之人，便当设法伸抚，盖一有不除，亦足以致盗故也。

捕获

停闲窝家、沽屠、破落户、酒肆、茶坊、浴堂、兑房、馆旅店、勾拦、庵舍、军旅、卒屋、水手、场屋、罢役弓手、庙宇贫子、打叉穷汉，若识此徒，万无一失，民自然安矣。

服远

或问：远方獠民巢居溪洞，猛不能詟，宽不能怀，喜则人，怒则兽，欲宣朝廷德泽，若之何而可？余曰：物之凶狠，无虎狼若也，然使之左右前后，惟吾之听者，得其制之之术也。夫克刚莫若柔，治繁莫如简。且彼之所以反侧不恒者，亦必有由矣。或贪其财，或蹙其境，或俘其子女，或蔑其官属，以致蚁结蜂屯，肆其酷毒。苟安之而不扰，外之而无所事，虽欲忿然无自而发。政使或尔但严守己界，恬不与较，而彼自驯伏矣。况彼兵一动，守土者非有上命，坐视而不敢前，比许追袭，则已雉兔逃而禽鸟散矣。由是而论，安静不声者为上，恬无所求者次之，邀功生事，妄开边衅，斯为下矣。官于远方者，尚监于兹。

商贾篇

广商税

今之言税者，不过曰官额。之所以不登者，商贾瞒隐尔。于是严搜逻之策，遣差拦头、弓手等辈于界首拦截，动至数十里之外，诛求客旅，溪壑亡厌。得厚赂则私与放行，径不令其到务；弗予以赂者，则被擒到官，倍税之外，费用如故，犹之可也。其所差拦头、弓手又复捋带游手恶少，遍走乡村，以捉税为名，打毙人家鸡犬，抢夺行旅笼仗，固有望风畏遁，转相告报，取他道而去者矣。不知督促之严，征敛之重，是乃驱之使不敢至。不若多出手

榜四散贴示，明谕重征之弊，自此革绝，照则例合行收税者，视常较轻，其拦典、合于人等费用一切痛革。税毕即给与证应，出县并无稽滞，且严以不经县务投税，辄行私路遁去者之罪。如此，则人心悦服，来者必多，课利自然盈衍矣。

肃牙行

都会之地，商贾辐辏，将货物投牙行发卖，非徒射利，亦所以便地方也。四顾无亲，一家妻孥命脉所系，亦惟牙行是赖耳。甜言巧语，勾引客人入店，视货物如己有，不择好歹，滥为放出，致客商捆载而来，垂橐而去者，皆牙行利己而不利人所致。究其设心不仁之甚，客中宿弊不可不为痛革。

市价

街市村庄百物价值，常须戒谕，务要随时高下，不可贪图厚利，腾空抬价。须为痛治此辈，则物价两平，而民无怨叹之声矣。

斗秤

人间行使升斗秤尺，务要官为较勘相同。常须戒谕各都里长、牙侩人等通行。如不依准则，欺骗良民，违者痛行究治。官府出纳之际，先须两平，庶谓上行下效也。

钱法

钱乃国家之血脉，人民之骨髓。务要照依官定文数行使流通，不得听从乡例增减，及拣选涩滞，非惟有违国法，抑且物价腾踊，而民不聊生矣。大抵阻坏钱法多系豪民大贾及积年牙人为之首倡，若欲究治，则在于此辈始。

盐户法

凡召募客商中运官盐，必须着令富实之家，不得抑差小户。大抵小户赀产不多，又不惯于兴贩，往往竭其所有裨贴。射利之徒买空引赴官销缴，并不得盐。彼射利者专一结构吏胥，把持行市，高抬价贯，使民间买食贵盐，无所伸诉，此有司之弊也。若多募富商大贾，广开官铺发卖，此弊自革，私价廉平，而私盐之患自息，国课不亏矣。

公规篇

公座

凡官府皆须侵晨署事，日入方散。戴星而出，戴星而入，犹恐事有不办。若自求安逸，则吏书因而纵弛，妨废公事，为害不小。署事之时，吏房先赍公座簿，以次佥押，才方发落公事。自家亦用别置小册，私记某月某日某官

署事，某吏当直，以防奸弊。不然，则吏胥妄将干碍文书投闲补押。凡公座一月一册，待月终便须封记架阁，遇有文案差池，则开拆检视。又佥押文书，计禀公事，皆须直堂当该吏一人禁约，各吏非奉呼唤不得上厅干预。礼体正，不令而行矣。

印信

衙门印信，关系甚重。每日封印，须要各官完佥开印，则眼同相视，一应文案批帖令该吏当面使用，不得隔远。印信所在，着令弓兵守宿。侵晨吏胥关印，则牌入印出；至暮送印，则印入牌出。钥匙常须亲带。倘有公故，委官权摄，则随印佥押，发印关牒。既回衙门，权官送至印信，则开匣看视端正。又须时常谨防猾吏盗扣缝印，及空解、空帖等项奸弊。

门禁

衙门公私门下，常用人守把，退食关锁，夜即封记，不许一应闲杂人等出入。干谒及馈送礼物，虽应该出入之人，亦用关防照出。及自家子弟尤宜拘束，宅中止用十二三岁以下小皂隶一二人，备供汲爨，接送印信，报事等项，无故不许出外，与吏隶人等相接。如此，庶衙门肃清，奸弊屏息矣。

文案

凡文案，省府则有检校、照磨之官主其事。其在州县，幕官苟得其人，长官固不劳心。若果阘茸之材，不谙事理者，则长官必用一一照料。如刑名，则看原发事头，施行次第，人赃伏证若何；如钱粮，则看总额及已未征纳，起解数目若何；如田产，则看典卖契凭年月日，价贯

有无窒碍若何；如分籍，则看宗支图谱、祖父遗书是否真伪若何；如婚姻，则看主婚、媒妁、财礼书劄，然后纳聘若何；如斗殴，则看有无名分及拳手、他物、痕伤轻重若何；如人命，则看致死根因，行凶器仗，前后招供若何；如造作，则看合用物料丈尺，轻重、长短、多寡若何。事变多端，岂能尽举？佥押之际，皆须审问该吏，于法相应，才可下笔，中间果有原行差错者，随即检举改正可也。

手册

每月备小经折三十册，日袖一册坐衙。面写某月某日，以纪一日之事，务要完结，至暮投之柜中。如遇上司按临，亦袖一册，开写紧关事件。如遇分守者，则开钱粮事件；分巡者，则开囚犯事件之类，以备顾问不差。

牌，诡名揽纳，及虚出通关，飞走钱粮等弊，务要严谨。其房宇疏漏，随即修葺，以防损坏。

架阁

凡衙门皆设架阁库，专一架阁已绝公事卷宗，以备稽考。省府则有照磨、架阁之官，州县则吏目、典史掌之。每岁或上下半年，或四季检照，不可疏略。六曹亦有厨阁。门户须要紧密，匙钥则正官封记入匣，付幕官收掌。遇有检照，眼同开锁，视毕，依前关防可也。

禁约

官事禁约，非止一端。凡出榜晓谕之后，若有犯人，随即依律究治，不得容恕。大抵号令务在必行，则人皆畏法而不敢犯。若因循苟且，视为文具，非惟法令不行，而犯者愈众矣。

节费

各房该用笔墨，验日及文书繁减量给；若纸张，就于看过稿年月后算数，即时标给，仍令职掌人按月开报查考。又凡应用之物，不拘在官在家，俱从俭约，不贵难得。及赏助人一钱一物，必思此物何从而来，彼则何由而得。若应用丰者，虽十室千金，不辞于无措；不该费者，虽竹头木屑，皆贮于有用。然怪人馈物者，千一二；郤人馈物者，百一二。岂可滥取下民之膏脂为自己之人情乎？先儒曰：『侈用则伤财，伤财必至于害民。』诚哉是言也！

防奸

判押文书，便将原来文移查对应否施行。及应佥押者，仍令吏高唱佥押，就明说此起文书为某事，要如何行，止说略节缘由，并指看出语，则事易知见。如几件俱为夏税事，这件是派来起存某也头行，这件是行取部催委官职名之类。又凡来文，须亲手开拆，先看封皮上件数及内文移年月，旁朱语应细看者，才方细看，庶无迟滞。又于闲时俱当细看，则无错漏。若凡发文书，当令吏人当面点封，不可止令吏人拆发，必被洗改文字，夹带押出去文书。又尝闻吏人有将『本不差』字样改作『差』字，及污点朱墨于内，甚至将来文内紧关数目等字洗补。又有将原是甲字，洗了改作乙字，仍又改作甲字，虽颇能辩理者，亦只以知乙改甲是改讹从正，殊不知原是甲字，本不曾差。予尝与人戏，先用淡墨，假如写『不亦说乎』，又于『说』字上写『乐』字一个，却又用浓墨将『说』字重描。与人看时，只知改『乐』字为『说』字，正与此弊相同。察理隐微者，不可不知。

里长

各都里长照依田粮编排充当。承伏之初，先审是否正身，若有同宗及他人代替，随即枷号，候正身到官，才方发落。其承伏状内明开户头某人下，某人年甲画字，不系替身，重甘执结在官。大抵礼义廉耻生于富足。其代替之人俗名杖袋，自来无赖，纵使重加鞭挞，安肯办事？果系正身，量事宽恕，万一顽猾，则例受责罚，平居不可假以辞色。凡官长私家缺用之物，不可纤芥妄取，若系出产去处，两平交易。里长之家循理者少，豪横者多，中间多有倚恃财势，凌虐细民，使其无所控告者；亦有包领官钱入己，使细民典卖输官而不沾分文之惠者；又有接受原被告财贿，妄为代禀，而使小民受抑无伸者。此等皆不

可不察。

检举

凡公事速则易改，久则难追，错者依律改正，迟者随事举行，酌古准今，其理一也。盖衙门事务繁剧，日积月增，万一迟错，必须检举，庶免上司怪责。或幕官自举，或正官移文，先问当该吏典迟慢违错罪名，次乃立案改正施行可也。

引据

各路引关系甚重，置立文簿，用半印勘合，书填字号，须当审保是实，不可妄给。典卖田产公据，亦用体勘有无违碍，方可出据，以绝争端。倒死牛马头匹，判状之际，必令里长人等眼同相视，是否开剥，拘收筋角皮张。大抵屠户及无籍之徒假此私宰者多矣，不可不察。

查算

官司钱粮、军需、造作、收支等项，数目浩繁。吏胥大抵草率一时，装捏文案，应答官长，以免谴责。万一官长不行查算，即申上司，异日磨勘争差，受累多矣。凡居官自家不谙算法，即须遴选能算者一人，每遇干碍数目文案，必须再三覆算，分毫丝忽无差，才方填写文解，仍取该吏查算相同文状对读讫，留下存证，以防不测。

佥押

凡吏员禀覆公事，自上而下；佥押文书，自下而上。遇有大小事务，该吏先于长官处明白告禀，次于佐贰官处商确既定，然后当该吏典、幕官书卷，才方自下而上，以次佥押，讫正官下判日子，当面用使印信，随即施行，仍于施行簿上注写一行：某月某日押某件文卷，该吏某

人承行，于上书字以凭稽考。其有疑难未决，正官及佐贰官所见不同，再令该吏于首领官处从公酌量事件，详细陈说，次第佥押，不可执己之见，及听小人谗说，因而喜怒，妨害政事。

官物

凡系官物料皆须牢固封收，时加检视，不惟提防贼盗，亦恐为雨涝蛊鼠所坏，为害不少。若蒸润者，急宜晒曝，不可因循苟且，坐视其弊。

卯酉

凡公门吏典、兵卒及里长人等，皆须置簿付承发典吏收掌。每日侵晨于上书卯，至暮画酉，讫呈示。于不到名下勾断，照出名数，严行责罚，不得轻恕。欲治其外，先治其内，衙门肃清，则事无不办矣。

滥设

凡官府除合该人员外，不得容留滥设人数。此辈皆系无籍之徒，多一人则多一害，为民父母，岂可不念于斯？

讲读律令

凡居官为政者，公事之馀，常须看读《唐律》、《刑统赋》，以知立法之意，将颁降《大明律》熟读玩味，务要讲明通晓律意，遇有公事依律施行。吏典亦合熟读，不特案引条款。更须看《牧民忠告》、《吏学指南》、《为政模范》、《疑狱说宪纲》、《洗冤录》等书，求其意，则见识必明矣。不特此也，凡国家典章文物，皆当备考详观。

销缴信牌

凡官府皆须置立信牌，追会钱粮、军需、刑名、造作

大小公事，不得差人下乡，止是遣牌勾办。牌上分明开写《大明律》一款：违限一日，笞一十，每十日加一等。量地远近，定立限期，务要依限完缴，每日责罚。但标限不可太急，算定地里多少，几日到衙门，通缴行几日，标定而违限者责之无怨。如里路来回犹且不及，况能办事而不违其限。如此是谓教之不信，如责之，则枉其人；如苟且，则法令不行。居官者但于信牌一事，设法稽考，有始有终，则无沉匿，而衙门之事办矣。

勿滥差人

各府非挨捕强盗重囚，切不可差吏典、隶兵到于州县乡村，催事勾扰。若拖欠税粮等事，但置牌面开写未完事件，发与当该官吏完解，仍令该吏赍牌完销，量情责罚比较，随即遣还，免致衙门人求索。

图地理

凡有司官到任之初，采访画工，令各乡、都、里长将本管地面山川、四至、寺观、祠庙、田土、沟渠、陂塘、桥道、急递铺、申明旌善亭、乡社、坛所、大小烟居，画为一图。务要详细，不可简率。待各都图本齐备，却令画者以县治为主，自近而远集为一总图。遇有贼人出没，互争田地，侵葬坟茔，按图备观，可知其大略，不为吏民所欺。又且一郡一邑皆有地志图经之书，中间备载山川人物、土地出产、历代沿革之事。退食公馀，亦尝观阅而治，内外事迹了然在胸中。《古风画山水歌》有云：『不出门庭三五步，观尽江山千万重。』

礼仪篇

诏旨

凡诏旨御音，一闻飞报，便须整肃仪仗，赴驿递迎接，不得延缓，以致失误。接到驿递使臣，未可行礼，随迎入城，于衙门开读毕，卸朝服，方见使者，馆于别所，设礼待之，乃送出郊。中间礼节，自有颁降定式。

祭祀

凡祭祀境内山川社稷及风云雷雨载在祀典等神，皆须斋戒严洁，然后行事。祭祀之物必当亲身点视，不得委之吏胥。大抵此辈多无顾忌，宰牲之际，纵令屠刽人等，盗窃者有之，安得不为关防？至于颁胙，亦宜均及。若祈晴祷雨，尤宜极其诚敬。先儒谓有其诚，则有其神，无其诚，则无其神，可不谨乎？

迎春

迎春实为有司重事，令办仪饰并官吏僚属先后班次。先一日，令礼生及该吏预先省会停当，至日遵依，庶不致临时错乱壅塞，有失雅观。亦不可恣乐无节，有妨大体，不特迎春一事为然，事事皆当如此。

肃公宴

凡该办乡饮及公宴等项，预将各人桌面排定上下次序，票帖于桌上，仍令吏收底票预序。桌桌人伺候，散时唱名御去。每御一桌及器皿，止用二人。御毕，方请客散。如此则既不乱我笾豆，抑且靡有争矣。

日晷

衙门内月台及门鼓楼上各置时刻日晷并时辰牌小楼一座，令阴阳生按时御换。凡发行文书，定限立期，食

饭、保辜等项，俱可视此为候。

更筹

鼓楼上置铜壶一副，令阴阳生注水，候着漏箭时刻以击更点。如此则庶使过听者，知更鼓之分明，夙兴者，无衣裳之颠倒矣。

鼓节

伐鼓或用木子，或用竹筹，初严以三百六十根为度，筹尽鼓止，二严半倍初严之数，三严倍初严之数。当以鼓二面，或止一鼓，两人对击，庶使音续不绝。凡每日晨昏及习仪拜贺等项，俱以此为节。若撞钟，缓用竹筹十八根，急用绳穿木子十八个，缓急各三次相间。又鼓声贵急，钟声贵缓，缓急得宜，不惟中乐之节，亦以耸人之听矣。

处置事宜篇

祭祀仪物

祭祀及乡饮酒，新官到任，旧官辞神，会计每年合用猪羊等物若干，斟量合用物价若干，派定坊厢都分。某坊厢办正月乡饮，某坊厢办十月乡饮。一都春祭文庙，一图二图买猪，三图四图买羊；二都春祭社稷，三都祭山川，四都祭清明，五都祭文庙，六都秋祭社稷，七都办新官到任谒神之类。备榜晓谕里长知会，自备猪羊伺候。如此则事有其备，可革权要争卖猪羊，多取价利之弊。如里长少处，又须随宜另从处置。

岁办段匹等物

岁办物件，着令各吏典查出，从公斟量定价。如纻丝每匹用丝若干，合用价米若干，农桑绢每匹用价银七钱，

处置事宜篇

祭祀仪物

鼓节

更筹

弓每张用筋漆等料价银三钱，杂色毛皮每张用银一钱五分之类。估计定价，置立文簿，着令里长出办造解，则事有定规，免致多科。

买物价值

奉勘合坐买物件，若不问多寡，通派里长买办，则收解之人多估价值，通同官吏科敛财物分用，民受其害。居官者当计算坐买物价，如用米百石，则派拾名里长买办；用米五百石，则派五十名里长买办，就于内选用解人。后再有别项物件，却派未买里长买办，再依派起，年终查算。若有馀米，则留预备仓赈济饥民。如此则事有条理，民不劳扰。其各府州派属县一号勘合，亦止派一县或二县，仍令属县将派过里长具手本送本府稽考，非惟易于完解，且省馈送催事及倒解钱之费。

低价买物

物同则价同，岂有公私之异？今州县有所谓市令司者，又有所谓行户者，每官司敷买，视市直率减十之二三，或不即还，甚至白着，民户何以堪此？

豪民买解官物

豪民剥削小民成家，若被人告首者，将状词发与老人问理，记其姓名于簿，候有勘合坐买物件，却关出官钱付豪民收领买解。如此则豪民家财日散，小民得免科差矣。

置买饮食等物

使客经过供应饮食、柴炭、纸笔之类，若令吏典出票着里长买办，则里长有钱送与吏典者，经年不买；无钱馈送者，三五日一次买办，琐碎科扰，出钱至多。牧民者

当令每名里长一年出米五石，买办供应，如一日用了，则轮第二名；如十日用不了，亦令支应，先从远乡都分轮起。合用表笺纸札及科贡生员起身或京官起复，亦于内拨米买办酒果相待。如府州关防属县，亦如此法，但每月一次着该吏将用过数目具印信手本送来查考。若有馀米，则于预备仓收贮，赈济饥民；若不勾用，再酌量科米。

佥隶兵

皂隶、弓兵、铺兵、斋夫，如一州，则计算额设几名，派定都分。如知州皂隶于一都佥，同知却于二都佥，判官却于三都佥，直厅、禁子于四都、五都佥，弓兵、斋夫亦挨次佥点。其巡检司弓兵、铺兵亦拨定附近都分，不许越过别都佥点。知府、知州亦为属县编定，出榜知会，则隶兵

不致滥设，富民不能投充隐蔽差役，小民亦免勾扰之祸。

佥吏典

切见各处府州县如缺吏一名，则官吏遍都勾扰，将殷实子弟受财卖放，却将无籍之人久在衙门主写文案之徒，如此安能得人办事，安能清理卷宗？为官者当计算合用吏典几名，派定都分，如吏房缺吏，合于一都佥，户房却于二都佥。其税课局、学吏、巡检司、河泊所吏，亦派定都分，如此则佥吏害民之弊革矣。或谓一都少有识字者，如何？曰：四五百家人内，岂无十馀人醇朴识字？但取其略能动笔，循良可学，令其在房每日书写，岂不有进？

佥火夫

火夫专一巡逻，若住居僻巷者，少要差拨，住居临哨

者，免其坐铺，其家自防不暇，其馀火夫若有差拨，亦只是至紧等事。尝见官府不拘事务大小缓急，辄差火夫人等于所属，及下乡催办扰人。然凡事只可量其缓急难易，严定限期完报。若果限外拒顽，或可取官提吏及才差人提取所犯者，务要取来到官，当面发落治罪，不可纵容在外，转央人来嘱托，诈费财物，亦不可令去人生事，及不来回报，仍徒为伊驱利。

驿传什物

尝有知温州府者，查出军卫寄庄田亩，每年一亩收谷三升，拨四千亩，雇水夫十名。四千亩出谷着令驿官收掌，置买铺陈什物，修船供应使客。每月将用过数目赴官查考，其铺陈除在船应付外，其馀于本府官库收贮，置立簿籍，遇用领出。或有损坏，随时修补，每年依时用米五

十石造酒，十石做酱，五石做醋，以后支用不尽每年，积出变银存留支应，三年内可省一年田亩谷粒。今详此法，亦可用于他郡。

革倒解钱

起解物件多不出产，备价赴京买纳。县经过州，州经过府，府经过布政司，倒文多被赃吏勒措，倒解钱物，少不顺从，则推申文未到，或要起解物件般运到官，委官逐一辨验点过，又下递运所递解，其解人所收物价半为倒解使用，非惟民受其害，抑且坐买物件不完。为官者切要知此，但遇解物人到于司府州省，令该吏先写批文付解人，便令出门，随写申文发行，则解人受福而吏弊可革。

造船

处官事当如家。尝有知温州府造淮安运粮大船六十

路之责、天下之责者，则以一路与天下为忧也。盖任重则责重，责重则忧深，古之人所以三揖而进，一揖而退者，有以也。虽尧、舜、禹、汤、文、武之为君，皋、夔、稷、契、伊、傅、周、召之为臣，固未尝不忧其责，而以位为乐也。彼以位为乐者，苟其位者也。呜呼！大圣大贤宜不难于其所任，犹且不自暇逸如此，吾才远不逮圣贤，顾可乐其位而重其去也哉？

不竞

尝见世之交代者，多有所争，要皆旧官不广之所致。或据其居而不徙，或专其田而不分，或匿其公物不尽以相授，使新者怀不平而无所诉，甚非士君子善后之道也。夫利之与义势不并处，义亲则利疏，利近则义远，况为民师帅，而专务于利，其聚怨纳侮，视市井小人不若也。故

君子之从政也，宁公而贫，不私而富；宁让而损己，不竞而损人。

以义处命

世俗以穷达进退皆本夫命，谓命之穷者，虽竭蹶求进而亦穷；命之达者，虽远逝深藏而亦不能退。此星翁术士之常谈，非君子所尚也。君子则以义处命，而不以命害义，可以进则进，可以退则退。吾不谓命也，乐则行之，忧则违之，吾岂谓命哉？彼沦胥富贵利达之境而不能出者，则往往托命以自诬。宜乎接武祸机而卒不能悟，悲夫！

贵知止

『蜗涎不满壳，聊足以自濡。升高不知疲，竟作粘壁枯。』东坡此言，深可为知进不知退者之戒。夫人事之役